VVIP exercise & health
운동과 건강

김수연 지음

한국학술정보(주)

건강은 내가 행하고 믿는 대로 지켜진다?

저자 김수연은 주위 사람들 99%가 '안 될 거야~', '어려울 텐데'라고 말해도 '성공할 수 있을 거야'라는 1%의 말에 귀가 솔깃하는 사람이다. 땀 흘리고 노력한 만큼 행동이 변화하고 마음이 움직이는 것을 알기 때문이다.

한때는 실패의 두려움과 낙오자의 패배를 경험한 적도 있지만 넘어지거나 쓰러지는 일이 생길지라도 후회하지 않을 만큼 열심을 더하기에 저자는 오늘도 1% 긍정의 힘을 믿는다. 본 저자는 99% 부정적인 말보다 1% 긍정적인 행동을 사랑하며 움직인다.

건강을 지킨다는 것은 자신을 예쁘고 건강하게 가꾸고 지키려고 노력하는 것이다. 99%의 부정적인 말보다 1% 긍정적인 행동으로 끊임없이 자신을 가꾸고 다듬어야 진정한 건강지킴이가 되는 것이다.

세상에 태어나기까지 공짜로 주어진 것은 없다. 부모님께서 만들어 주신 육체를 온전히 돌보며 가꾸는 것이야말로 효의 기본이다. 저자 또한 부모님께서 주신 신체를 온전히 가꾸지 못한 점을 다시 한번 반성하며 다시금 부모님께 진심으로 온 맘 다하여 감사드린다.

책을 내기까지 많은 시간이 흘렀지만 오늘도 앞만 보고 나의 인생을 새롭게 설계한다. 끊임없이 도전하고 개척하여 다른 이들에게 행복바이러스 박사가 되고 싶다.

온전한 정신건강과 신체건강, 솔로몬의 지혜를 허락해 주신 하나님께 감사드리며, 쓰러질 만하면 일으켜 세워 주는 든든한 버팀목인 나의 반쪽 구철웅 남편과 힘들 때, 우울할 때, 행복할 때 늘 천사 같은 얼굴로 손잡아 주는 아들 구동현 군에게 진심으로 사랑한다고 전하고 싶다.

건강이란 내 자신을 사랑하는 만큼 결실을 맺어 준다.

2012. 1.

VVIP SPORTION 아카데미 원장 김수연 박사

Contents

Part 01
VVIP
운동과 건강

1. 운동의 필요성

운동을 하면 건강해진다고 한다. 하지만 우리는 구체적으로 어떤 부위가 건강해지는지를 모른다. 오늘은 그 부분에 대해서 알아보려고 한다. 규칙적인 운동과 신체활동은 우선 심폐 기능이 향상되고 관상동맥 질환의 위험요인이 감소하며, 이를 통해 전체적인 병의 발생이나 사망률이 감소하는 효과를 갖는다. 이런 신체적인 효과 외에도 불안하거나 우울한 증상을 감소시키고 활력을 증가시키는 효과를 갖는다. 규칙적인 운동은 노화방지, 면역효과 증가, 관상동맥 질환(협심증, 심근경색), 고혈압, 당뇨병, 고지혈증, 골다공증, 비만, 대장암, 유방암, 우울증 등의 예방에 긍정적인 효과를 준다.

1) 운동 부족

심혈관계 질환, 고혈압, 비만, 뇌졸중, 당뇨병 등 순환기 계통의 만성 퇴행성 질환
→ 규칙적이고 반복적인 운동의 실천

2) 식생활의 불균형

과다한 염분섭취, 스트레스 등은 생활습관과 밀접하게 연관
→ 생활습관의 변화가 반드시 필요

3) 과도한 스트레스

스트레스는 정상적인 생명 작용에 영향을 미쳐 비정상적인 생명 작용을 발생시키는 일체의 자극을 말한다. 여기에서 비정상적인 생명 작용이란 정상적인 생명 작용보다 더 강하거나 혹은 더 약한 생명 작용을 의미한다. 스트레스가 점차적으로 누적되면 신경 작용과 신경 조직이 충격을 받게 되며 이로 인해 마음이 불안해지거나 잠이 잘 안 오거나, 혈압이 올라가거나 내려가고 어지럽거나 골치 아픈 증상, 어깨가 무거워지는 증상, 소화가 안 되는 등의 건강문제를 발생시킨다.
→ 운동을 통해 체력 향상 및 건강 증진을 이룰 수 있다.

2. 건강의 필요성

건강이란 신체적·정신적·사회적으로 완전히 안녕한 상태에 놓여 있는 것을 말한다.

세계보건기구(WHO)의 헌장에서는 "건강이란 질병이 없거나 허약하지 않은 것만 말하는 것이 아니라 신체적·정신적·사회적으로 완전히 안녕한 상태에 놓여 있는 것"이라고 정의하고 있다.

사람은 인종·종교·정치·경제·사회의 상태 여하를 불문하고

고도의 건강을 누릴 권리가 있다는 것을 명시한 것이다. 그리고 최근 추가적으로 경제적·지적·영적·문화적인 안녕까지를 포함한 7가지의 건강을 일컫는다.

1) 신체적 건강

신체적 건강은 인체에 질병, 상처 등이 없을 뿐만 아니라 정상 체력을 갖는 상태다. 규칙적이고 지속적인 운동과 적절하고 충분한 영양공급으로 면역기능을 확보하여 질병에 걸리지 않고, 질병에 걸려도 금방 회복할 수 있는 육체 상태이다. 흡연, 및 과도한 음주, 편식, 운동 부족, 불규칙적인 식습관 등은 신체 면역기능이 저하되어 쉽게 질병에 걸리고 잘 치유되지 않는 상태가 된다.

2) 사회적 건강

사회복지, 안정적 직위, 기본생활이 가능한 재력, 양호한 인간관계가 핵심이며, 사람은 사회적 존재이므로 건강한 사회성을 지녀서 이웃과 더불어 다 같이 잘 사는 지혜와 덕을 갖추는 것이 사회적으로 건강한 것이라고 할 수 있다. 사회적 건강이 불량하면 따돌림이나 불이익을 당해 스트레스가 쌓여 정신적 건강을 해친다.

3) 정신적 건강

행복하고 만족하며 원하는 것을 성취하는 것 등의 안녕 상태 또는 정신적으로 병적인 증세가 없을 뿐 아니라 자기 능력을 최대한 발휘하고 환경에 대한 적응력이 있으며, 자주적이고 건설적으로 자기의 생활을 처리해 나갈 수 있는 성숙한 인격체를 갖추고 있는 상태를 말한다.

→ 건강을 유지하기 위해서는 신체적·사회적·정신적인 상태를 모두 고려하여 상호작용을 해야 한다는 것이다.

3. 운동의 효과

적당한 운동이 건강에 가장 많은 효과를 준다는 사실은 이미 많은 연구결과에서 나타났다. 적당한 운동은 남녀노소 누구에게나 삶의 활력과 에너지원이 된다. 그러나 오히려 지나친 운동은 도리어 건강에 역효과를 초래한다는 것을 간과해서는 안 된다.

건강과 체력은 충분한 운동을 실시함으로써 효과를 증대시킬 수 있다. 그러나 최근에 고강도로 심폐기능을 증진시키기보다는 낮은 강도와 적은 시간의 운동으로서 신체에 효과를 얻을 수 있다는 보고가 있다(ACSM, 2000).

1) 운동효과 내용

(1) 심장기능이 좋아진다.
(2) 혈압이 낮아진다.
(3) 심장질환의 위험이 줄어든다.
(4) 체중이 조절된다.
(5) 폐의 기능이 좋아진다.

(6) 뼈의 미네랄 상태가 좋아진다.

(7) 흡연습관이 줄어든다.

(8) 혈액의 양이 증가한다.

(9) 스트레스 관리 및 정신건강에 도움된다.

(10) 혈당조절을 통하여 당뇨병을 예방한다.

(11) 근육계가 발달된다(근력 향상).

(12) 마이오글로빈의 농도가 증가한다.

(13) 근육의 에너지 이용능력이 향상된다.

4. 건강에 이로운 음식과 해로운 음식

브로콜리는 루테인이라는 눈에서 시각기능을 담당하는 황반의 구성성분이 들어 있어 황반 변성을 예방할 수 있다. 이때 브로콜리는 생으로 먹는 게 좋다고 한다. 사과에는 섬유질, 칼륨, 비타민C 등 무기질이 많이 함유돼 있고 폴리페놀성분은 성인병을 예방해 준다고 한다. 고등어는 등 푸른 생선인데 이에 포함되어 있는 DNA성분은 뇌세포를 활성화시켜 아이들의 두뇌발달에 영향을 준다고 한다. 또한 혈압을 낮춰 주고 노인들의 치매예방에도 좋다고 한다. 카레는 카레가루에 열 가지 넘는 강한 향신료가 들어 있어 위장을 튼튼하게 해 주며 항암효과가 있다고 한다.

건강에 해로운 음식에는 계란 노른자, 라면, 설탕이 많이 함유된 음식, 패스트푸드 등을 들 수 있다. 계란 노른자에는 몸에 해로운 저밀도 콜레스테롤이 많아 몸에 좋지 않다고 한다. 특히 다이어트를 하는 사람들은 꼭 피해야 한다. 라면스프에는 화학조미료들이 많이 들어가 있어서 해로울 뿐만 아니라 라면 자체의 열량 또한 매우 높다고 한다.

설탕을 많이 함유한 음식은 면역력을 떨어트릴 뿐만 아니라 집중력이 떨어지고 인슐린이 과다 분비되어 저혈당이 되고, 스트레스 호르몬이 과다 분비되어 짜증을 유발시킨다고 한다. 패스트푸드는 열량이 높을 뿐만 아니라 혈액 내에서 몸에 해로운 중성지방과 고밀도 콜레스테롤을 증가시키고 무엇보다도 심장에 혈액을 공급하는 관상동맥을 막아 심근경색과 협심증 등을 유발한다고 한다.

5. 건강 유지법

건강을 유지하기 위해서는 무엇보다도 음식을 골고루 섭취하는 게 중요하다. 영양소별로 빠트리지 않고 먹어야 건강을 유지할 수 있다. 꾸준한 운동 또한 중요하다. 운동은 아침 공복에 하거나 잠들기 3시간 전에 하는 것이 좋다고 한다. 간단한 걷기나 줄넘기 같은 유산소 운동을 해 주는 것이 이득이 된다. 규칙적인 생활습관을 만들어서 활동하는 것도 좋다.

TV나 컴퓨터를 할 때에는 자세를 바르게 하여야 나중에 균형 잡힌 몸매를 만들 수 있다. 청결하게 하는 것도 중요하다. 몸을 청결히 하지 않으면 면역력이 약해져 쉽게 질병에 걸리고 말 것이다.

과일이나 채소는 몸에 득이 되는 식품이므로 하루에 일정량씩 꼬박꼬박 먹어 주는 것이 좋다. 인스턴트음식은 피해야 한다. 이는 열량도 높을 뿐만 아니라 몸에 해로운 것들을 가지고 있다. 마지막으로 무엇보다 자신이 건강하다는 마음가짐이 중요하다. 된다고 생각하면 진짜 되는 것처럼 자신도 건강하다고 생각해야 진짜 건강한 사람이 될 수 있다.

6. 건강관리 10대 수칙

1) 적당한 운동을 하라

규칙적인 운동을 하는 사람은 비만, 당뇨병, 중풍 등에 걸릴 확률이 낮다고 보고되고 있다. 운동강도는 성인의 경우 최대 심박수(220－자신의 연령)의 70% 정도를 유지시키고 1주일에 5일 정도 30분 이상 땀이 적당히 날 정도가 좋다고 한다. 만일 이렇게 운동하는 것이 힘든 사람은 될 수 있으면 자가용은 피하고 대중교통을 이용하여 걷는 것을 생활화하고 5층 정도까지의 계단은 걸어 다니는 것도 좋은 운동이 될 것이다.

2) 금연하라

흡연은 수많은 종류의 암, 심장병, 폐질환의 원인이다. WHO에서도 '건강을 증진시키는 가장 중요한 행동은 금연'이라 규정하고 있다. 흡연으로 인한 나쁜 결과는 20~30년 후에까지 나타난다. 금연하기까지 많은 힘이 드는데 스스로 금연을 결행하기 힘들다면 병원의 금연클리닉을 찾거나 금연 단체에 도움을 요청하는 것이 좋은 방법이다.

3) 자신의 신체에 맞는 체중을 유지하라

비만은 고혈압, 당뇨, 심장병, 뇌졸중 등 각종 성인병의 원인이다. 정상체중이라 하더라도 허리둘레가 남자 90cm, 여자 80cm 이상이면 성인병에 걸릴 위험성이 높아진다. 몸속에 지방이 많을수록 노화가 빨리 온다는 것을 명심해야 한다.

4) 정기적으로 건강검진을 받아라

건강검진의 목적은 질환을 조기에 발견하여 치료를 통해 병이 더 이상 진행되지 않게 예방하고 건강을 유지하는 데 있다. 만성질환의 경우 조기에 발견하여 치료하면 합병증을 예방할 수 있고 자기의 건강 정도를 알아 무절제한 생활을 예방할 수 있다.

5) 청결하고 절제된 생활을 유지하라

청결하면 많은 병을 예방할 수 있다. 먼저 감기는, 손과 발을 자주 씻고 양치질을 자주 하는 것만으로도 예방효과가 뛰어나다. 성병이나 AIDS(후천성 면역 결핍증) 등은 건전한 성생활 외에는 예방 방법이 없다.

6) 긍정적이고 낙천적인 태도를 가져라

긍정적 사고는 정신건강에 중요한 영향을 끼친다. 현대 사회의 이기적이고 각박하고 경쟁이 심한 상태에서 더욱더 필요한 사고방식이다.

해가 갈수록 자살률이 높아지고 있는데 긍정적인 마음가짐이 자살의 예방에 중요하다.

7) 스트레스를 줄여라

스트레스는 고혈압, 당뇨, 우울증, 암 등의 건강 유해인자이다. 특히 스트레스를 잘 받는 사람은 책임감이 강하거나, 융통성이 없거나, 남에게 지기 싫어하는 사람들이다. 강박 관념을 버리고 융통성 있게 생활하는 자세가 필요하다.

8) 비타민을 충분히 섭취하라

비타민은 우리가 먹는 음식으로도 보충이 되지만 모자라는 경우가 많아 따로 섭취해야 되는 경우가 많다. 피로회복을 위해 비타민 B, C를 복용하고 면역력이나 노화방지를 위해 비타민 A, C, E 등을 섭취한다.

9) 물을 많이 마셔라

현대인은 물을 마실 기회가 적다. 커피나 카페인 음료, 술 등을 많이 마시기 때문에 신선한 물을 먹을 기회가 적다. 물은 소화와 배설, 신진대사를 돕고 유해물질을 희석시켜 방광암 등 비뇨기계 암의 예방에 좋다.

10) 치아의 건강에 신경 쓰자

삶의 질에 중요한 영향을 끼치는 치아의 충치예방을 위해 불소가 포함된 치약을 쓰고 자기 전에 반드시 양치질을 하도록 한다. 좋은 건강습관을 들여 놓으면 훌륭한 건강자산이 된다고 전문가들은 강조한다.

7. 건강한 식습관

1) 빵 말고 밥 먹자

빈속이 되면 혈당치가 떨어져 아드레날린이라는 호르몬이 분비되는데 바로 이 아드레날린 작용으로 인하여 배고프면 불안하고, 집중력이 떨어지며, 상대방의 대수롭지 않은 말과 행동에 울컥하는 등의 반응을 보이게 된다. 그러면 초콜릿이나 빵을 먹어도 되겠다고 생각하지만 당분은 단순히 단맛을 의미하는 것이 아니다. 밥, 빵, 국수류도 당분, 그중 의사들이 추천하는 것은 단연 밥이다. 쌀이나 잡곡으로 만든 과자 정도까지는 괜찮다. 빵 또는 국수류의 경우 혈당치를 급격하게 상승시켰다 다시 급격하게 떨어뜨리는 반면 밥은 천천히 혈당치를 올리고 그 상태에서 안정을 유지한다.

2) 건강 보조제는 단지 보조 수단일 뿐

지금 내가, 우리 가족이 먹고 있는 건강 보조제가 진짜로 효능이 있는 것인지는 어느 정도 지속적으로 복용하여 스스로 판단하는 수

밖에 없다. 주의할 점은 건강 보조제를 먹고 있다는 안도감에 매일 먹는 밥에 소홀해서는 안 된다는 것이다. 건강 보조제를 입 안 가득 털어 넣고 컵라면 따위로 끼니를 때우는 것은 병을 부르는 행위이다. 건강 보조제는 절대로 약이 아니며, 밥이 될 수도 없다.

3) 몸을 깨끗하게 하는 된장국을 먹자

된장은 몸속의 여러 가지 독소를 제거하는 기능이 탁월하다. 또한 몸을 따뜻하게 해서 추운 겨울에 더욱 절실한데 소화가 잘 되므로 남녀노소 부담 없이 즐길 수 있다. 한편 된장국에는 대개 감자, 호박, 버섯 등을 함께 썰어 넣는다. 따라서 이러한 야채의 영양을 섭취하기에도 유용한 요리이다.

4) 반찬에 대한 편식은 금물

특정 음식만 찾고 계속 같은 유형의 맛을 즐긴다면 신체의 균형이 깨져 건강상의 문제가 생길 수 있다. 단맛, 매운맛, 신맛, 짠맛, 쓴맛 5가지 맛의 조화를 끊임없이 염두에 두어야 한다.

5) 똑똑한 오일과 향신료 선택

기름이라고 다 같은 기름이 아니다. 요리 전엔 몸에 좀 더 좋은 오일, 가령 올리브 오일이나 해바라기씨유 같은 것을 고르고 소금이나 설탕 통을 집는 대신 허브와 향신료로 맛을 낸다.

6) 물을 자주 마시기

'배고프다'라는 느낌은 갈증의 첫 번째 신호이다. 대부분의 사람들은 '배고픔'으로 오해하고 있다. 모든 세포는 효율적으로 기능하기 위해 수분을 필요로 한다. 틈틈이 물을 마셔 하루에 2L의 물을 섭취한다.

7) 장운동을 돕는 현미, 현미밥

현미는 까칠까칠하니 퍽퍽하고 맛이 덜하다. 또 속이 더부룩해지기도 한다. 그래서 현미밥을 먹기 어렵다고 생각하는 사람이 많을 것이다. 그러나 현미밥은 매일 먹지 않아도 된다. 일주일에 두세 번이면 충분하다. 정기적으로 먹기만 한다면 현미 껍질이 자극을 주어 제 기능을 하지 못하는 장의 운동을 돕는 효과를 볼 수 있다.

8) 밥은 꾸준히 먹는 것이 중요

피로하거나, 머리가 아프거나, 소화가 안 되거나 하는 컨디션 저하의 느낌들은 '밥만 잘 먹는 것'으로 대개의 증상을 해소할 수 있다. 밥에는 그만 한 힘이 있다. 일단 언제든 집에 밥이 있어야 한다. 그래야 집에서 식사를 하자는 생각을 하게 되고 그를 통해 밥을 먹는 습관이 붙고 경제적으로도 절약이 된다.

8. 건강속설 올바로 알기

1) 칫솔질은 아침, 점심, 저녁 3번 하면 된다?

칫솔질은 하루 3번만이 아니라 무엇이든 먹은 후에 하는 것이 좋다. 몇 번을 닦느냐가 중요한 게 아니라 어떻게 닦느냐가 더욱 중요하다.

2) 침대는 딱딱한 것이 좋다?

허리건강에 가장 좋은 잠자리는 방바닥에 적당한 이불을 까는 것이다. 딱딱한 방바닥에 허리에 약간의 쿠션을 줄 수 있는 이불을 깔고 잠을 자면 허리 근육의 긴장을 풀어 줄 수 있다는 것이 전문의들의 설명이다.

3) 혈압이 높으면 커피를 절대로 마시지 말아야 한다?

카페인을 먹으면 혈압이 바로 올라간다. 그러나 이 승압효과는 급속히 내성이 생긴다. 현재 자료에 따르면 카페인 섭취는 고혈압과 별 관련이 없어 보인다. 단, 커피에 든 프림은 콜레스테롤을 높이므로 피해야 한다.

4) 결혼을 하면 생리통이 없어진다?

일반적으로 생리통은 아기를 낳지 않은 미혼 여성들에게 많은데 심하지 않은 경우는 보통 아기를 낳으면 없어지는 경우도 있다. 하지만 자궁내막증, 자궁근종 등의 뚜렷한 기질적 원인이 경우에는 이후 계속될 가능성이 높다.

5) 샴푸보다 비누가 탈모 방지에 도움이 된다?

샴푸나 비누 중 탈모에 특별히 더 좋은 것은 없다. 다만 머릿결을 유지하는 데는 샴푸가 좋다.

Part 02
건강과 체력

Part 02. 건강과 체력

중점학습내용   1. 운동과 에너지 대사 2. 체력의 개념
Key word   건강, 체력, 에너지원

1. 운동과 에너지 대사

1) 에너지의 근원

에너지란 활동을 위한 힘의 원천이 되는 것으로 ① 화학적 에너지, ② 기계적 에너지, ③ 열에너지, ④ 빛에너지, ⑤ 전기에너지, ⑥ 핵에너지가 있다.

2) 근수축에 필요한 직접적인 에너지인 ATP

음식물이 분해될 때 방출되는 에너지는 운동수행에 직접적으로 사용되는 것이 아니고 ATP(Adenosine Triphosphate: 3인 아데노신)라고 하는 화합물을 만드는 데 사용한다. ATP는 활동근에 직접적으로 사용할 수 있는 화학적인 형태로 인체의 근세포에 저장되어 있다가 필요시에 분해되어 에너지를 방출함으로써 운동수행을 가능케 한다.

3) 에너지의 공급체계

(1) 인원질 시스템(ATP System)

100m달리기, 높이뛰기, 역도, 투포환 등과 같이 극히 짧은 시간(초단위) 내에 강렬한 운동수행이 요구될 때 에너지가 공급된다.

(2) 젖산 시스템(Lactic System)

젖산체계는 산소의 공급이 불충분한 가운데 신속히 에너지가 요구될 때 해당 작용에 의하여 ATP를 공급하는 것으로 최종산물로 젖산 생산을 생산한다. 2~3분 내에 최대로 행해지는 운동 에너지 공급은 ATP＝PC 체계와 함께 주로 젖산체계에 의존한다.

(3) 산소 시스템(O_2 System)

에너지의 공급속도는 느리지만 초성포도산이 완전히 산화되므로 젖산이 축적되지 않는다.

4) 운동과 에너지

휴식에 필요한 에너지는 우리가 섭취한 음식 중 지방에서 2/3가 오고, 글루코스에서 1/3이 온다.

(1) 무산소성 과정의 운동

짧은 시간 내 운동을 수행할 때 동원되는 에너지 생성과정으로 운동종목(100m, 200m, 400m 단거리운동) 대부분의 ATP는 인원질 시스템과 젖산 시스템에 의한 무산소성 과정으로 공급된다.

(2) 유산소성 과정의 운동

5분 이상 지속되는 운동에서 필요한 에너지 공급은 유산소성 과정에 의한 에너지 공급에 의해 운동이 실시된다.

2. 체력의 개념

체력이란 외부의 스트레스에 대하여 생명을 유지하는 신체의 방위력과 적극적으로 외계에 동작하는 행동력을 말한다. 즉 주체가 질병에 걸려 있지 않고 허약하지 않을 뿐만 아니라 생리적 기능이 정상인 상태로 육체적·정신적·사회적으로 완전한 상태에 있으며, 자기 신체를 능동적으로 조정하여 과격한 일을 능률의 감소 없이 장시간 지속할 수 있는 능력을 뜻한다.

3. 체력의 분류

1) 행동체력(인간의 외부환경)

행동체력(Fitness for performance)이라고 하는 것은 적극적으로 외계의 활동을 하는 의지 행동을 포함한 신체적 작업능력이며, 이것은 근육, 골격, 관절 신경계를 주체로 한 기능이며, 최종적으로 근육의 수축에 의해서 행동을 일으키게 되는 것이다. 스포츠와 노동의 현장에서 적극적으로 신체를 움직이는 것은 행동체력이다.

2) 방위체력(인간의 내부환경)

방위체력이라고 하는 것은 외계의 스트레스에 대하여 적극적으로 신체의 활동을 방어하며 유지하려고 하는 신체의 방어능력으로 이것은 신체의 건강유지 능력에 관여하는 요소이다. 주로 내장, 내분비, 자율신경계, 간장 등이 방위체력에 관여하며, 기능적으로 보면 협응성, 반응성, 항상성, 저항성, 면역성 등에 관여하고 있다. 일반적으로 방위체력은 병에 견딜 수 있는 요소를 포함한 신체능력이라고 볼 수가 있다.

3) 체력의 요소

일상생활에서 적극적으로 활동하는 데에 필요한 체력이다.
건강 체력의 요소는 유연성, 신체구성, 심폐지구력, 근력 및 근지구력이다.

4) 운동 관련 체력

특정한 운동 기능에 특별히 요구되는 체력이다.
운동 체력의 요소는 협응성, 평형성, 순발력, 심폐지구력, 근력 및 근지구력이다.

4. 체력운동의 효과

1) 신체는 적당히 사용하면 사용한 만큼 그 기능이 강화된다.
2) 체력운동을 규칙적으로 꾸준히 실시하면 신체가 건강해지며, 신체 각 부위의 기능이 원활해져서 운동능력이 높아진다.
3) 균형 잡힌 아름다운 몸매를 만들어 주며, 강인한 의지력을 길러 준다.
4) 심폐기능을 향상시키고 피로 회복도 빨라진다.
5) 인간생활을 영위해 가는 데 기초가 되는 신체적 능력을 말한다.

5. 체력의 구성 및 운동원리

1) 체력의 구성

신체적 요인과 정신적 요인으로 구성하여 체력구성도를 제시하고 있다. 다시 말해서 우리들 생활환경의 변화나 외부에서 오는 스트레스에 대하여 인간의 생명을 유지시키려고 하는 생존능력과 우리 몸을 보다 적극적으로 활동하고자 하는 능력을 뜻하는 것으로 방위체력, 후자를 행동체력이라고 부른다.

· 활동을 일으키는 능력: 발현능력(Performing Power)
· 활동을 계속하려는 능력: 지속능력(Continuting Power)
· 활동을 조절하는 능력: 조정능력(Cooperating Power)

(1) 운동의 발현능력

① 근력-정적 근력(Static muscular strength, 최대근력): 팔, 다리, 허리 등의 근군이 최대로 발휘할 수 있는 힘

② 동적 근력(Dynamic muscular strength, 순발력): 순간적으로 갑자기 내는 폭발적인 힘(던지기, 치기, 때리기 등)

(2) 운동의 지속능력

① 근지구력: 매달리기(Hanging, 정적 근지구력), 팔굽혀펴기(Push up, 동적 근지구력)

② 전신지구력: 오래달리기(Long run) 등

(3) 운동의 조정능력

조정력: 민첩성(시간적인 면), 평형성(공간적인 면), 교치성(운동성과의 총합적인 면), 유연성(조정력에서 별도로 취급될 수 있는 능력)

2) 운동의 원리

(1) 과부하의 원리

인체의 각 기관이 활성화 혹은 발달을 위해서는 일상생활에서 받는 정도 이상의 부하를 가하는 운동을 해야 한다. 일상적인 강도의 운동 부하로는 피로만 누적될 뿐 운동의 효과는 얻을 수 없으므로 반드시 일정 강도 이상의 부하로 운동을 해야만 한다.

(2) 점증부하의 원리

갑자기 강한 강도로 운동을 하면 몸은 견딜 수 없고 쉽게 피로해지므로 처음에는 가벼운 강도로부터 시작해야 한다. 그러나 계속 약한 강도에 머물러 있으면 운동능력은 더 이상 향상되지 않는다. 따라서 운동의 효과를 극대화시키기 위해서는 낮은 강도에서 시작하여 점차적으로 운동 부하를 늘려 나가는 것이 좋다.

(3) 지속적 반복성의 원리

운동은 지속적으로, 그리고 규칙적으로 반복 시행함으로써 그 효과를 얻을 수 있다. 간헐적·일시적 혹은 집중적인 운동은 충분한 효과를 기대할 수 없을 뿐만 아니라 때로는 운동상해 유발 등 역효과를 초래할 수 있다.

(4) 개별성의 원리

개별성의 원리는 각 개인의 특수성을 고려하여 각자의 능력과 가능성에 맞는 운동을 부여하는 것을 의미한다. 이는 모든 사람이 여러 측면에서 개인차를 보인다는 기본적인 생각에 기초한 것이다. 따라서 운동의 시간, 강도, 빈도 그리고 유형을 선정할 때에는 각 개인의 체력수준이나 연령은 물론, 정신적 요인까지도 반드시 고려해야 한다. 다른 사람이 특정 운동 프로그램에 참여하여 큰 효과를 보았다고 그것을 그래도 따라 하는 것은 매우 위험한 결과를 초래할 수 있다는 점에 유의해야 한다.

(5) 특이성의 원리

운동을 통해서 건강을 개선하고자 할 때에는 심폐지구력, 유연성, 근력 및 근지구력, 체중관리 등 건강 관련 체력요인 가운데 어떤 요인을 개선시켜야만 하는지를 결정하여, 문제점을 가지고 있는 요인의 능력을 향상시키기에 합당한 운동을 선택해야 한다. 심폐지구력이 나쁜 사람에게 근력을 향상시키는 웨이트 중심의 운동만을 시킨다든지, 근력 및 근지구력이 떨어져 있는 사람에게 심폐지구력 운동을 시키는 것은 시간과 노력에 비해서 운동의 효과가 적을 뿐만 아니라 운동 상해를 일으키는 등의 부작용도 생길 수 있다.

(6) 가역성의 원리

근력훈련으로 얻은 이점을 유지하기 위해서는 근육에 과부하를 계속 유지시켜 주어야 한다. 근력운동을 장기간 동안 중단한다면 지금까지 얻었던 근력을 손실하게 된다. 역이성과 함께 점진적으로 근육이 쇠퇴하는 근위축증을 경험하게 된다. 이러한 현상은 우리가 팔이나 다리에 부목 또는 깁스(cast)를 장기간 한 후 벗겨 냈을 때 확연히 볼 수 있다.

(7) 순서의 원리

주요 근육 집단의 일반적인 운동순서는 심장에서 먼 쪽부터 운동을 실시한다.

일반적인 연습은 소근육군을 훈련하기 전에 대근육군을 훈련한다. 소근육 훈련 전에 대근육 훈련을 먼저 실시하는 이유는 소근육을 먼저 운동하면 대근육이 운동할 때 소근육이 너무 지쳐 지원 역할을 수행하지 못하기 때문이다. 이는 적당한 회복시간이 짧아 피로를 많이 느끼게 되기 때문이다. 또한 인체의 파워 존은 무릎 위에서 가슴 아래까지 대근육을 갖는 부위로서 힘을 발휘하는 데 중요한 부분으로 전반적인 체력(스피드와 파워)을 향상시킨다(Heyward, 1991; 정성태, 전태원, 1998).

6. 맞춤운동 찾기

1) 체력검사

(1) 근력
근육이 부하에 대응하여 발휘할 수 있는 힘(악력, 배근력, 복근력, 각근력)

(2) 근지구력
근력 발휘를 지속적으로 유지하는 능력(팔굽혀 펴기, 윗몸일으키기, 턱걸이, 악력, 배근력)

(3) 전신지구력
호흡 순환계의 산소 공급 능력 및 근육의 산소 이용(1,000m, 1,200m, 12분 달리기, 하바드 스텝)

(4) 유연성
관절의 가동범위와 근육이나 관절 주변 조직(건, 인디 등) 신장능력에 의해 결정되는 체력요소로서 운동의 효율성 증진과 상해예방

등 중요(윗몸 앞으로 굽히기, 윗몸 뒤로 일으키기)

(5) 비만도
신체의 구성성분의 비율을 파악하는 검사

2) 검사항목

(1) 제자리멀리뛰기
(2) 윗몸일으키기
(3) 앉아 윗몸 앞으로 굽히기
(4) 1,200m 달리기
(5) 체지방률

7. 운동의 순서

1) 준비운동(Warming Up)

(1) 본 운동을 하기 전에 심박출량을 높여서 근육에 혈액의 공급을 원활하게 한다.
(2) 체온을 약간 높여서 몸의 활성을 높여 준다.
(3) 근육을 부드럽게 해 스트레칭을 하기 쉽게 한다.
(4) 관절과 근육의 부상을 방지한다.
(5) 준비 운동을 통해서 운동 수행 능력을 높여 준다.

2) 본 운동

(1) 자기 관리를 목표로 하는 운동이다.

(2) 걷기나 자전거 타기 등 유산소운동이다.

(3) 웨이트와 탄력밴드와 같은 저항성 운동으로 구성되어 있다.

(4) 게임 스포츠(테니스, 볼링, 수영, 탁구, 배구, 농구) 등도 포함된다.

(5) 운동시간은 유산소운동인 경우 60분, 웨이트의 경우 50분이 적당하다.

(6) 성별, 연령, 체력상태 및 운동력 등을 고려하여야 한다.

3) 정리 운동(Cooling Down)

(1) 갑작스러운 사고를 방지한다.

(2) 본 운동 후에 실시하는 정리 운동이다.

(3) 운동량이나 운동강도에 따라서 10~30분 정도까지 가능하다.

(4) 노인의 경우 시간적 제한을 두면 안 되며 30분가량 충분히 실시되어야 한다.

(5) 정리 운동을 한 경우 젖산의 분해속도가 빨라진다.

(6) 본 운동 시 쌓였던 긴장과 피로가 빨리 회복된다.

8. 운동의 가치

(1) 더욱 건강하고, 강인하며, 더 날씬하고, 유연하며, 활기에 넘치게 해 준다.

(2) 심장병으로 사망할 가능성과 혈압을 낮추며, 혈중 지질의 구성을 개선시키고, 혈당을 조절하며, 비만을 막는다.

(3) 신체 균형과 골밀도를 유지하며, 멋지게 나이 들도록 해 준다.

(4) 면역 기능과 집중력, 업무 능력, 그리고 수면의 질을 향상시킨다.

(5) 스트레스를 풀어 주고, 기분을 좋게 하며, 자부심을 높이고, 낙천성과 확신을 준다.

(6) 자기 확신과 영적인 행복감을 높이고, 인생의 중요한 순간을 스스로 선택할 수 있는 힘을 길러 준다.

(7) 즐겁고, 동시에 도전적이다.

9. 운동을 통한 효과

운동을 할 때는 우리 몸의 모든 기관이 자극을 받는다. 근육, 심장, 폐, 혈액 등은 독자적인 방식으로 기능을 수행하며, 각각의 기능은 서로 긴밀하게 연결되어 있다. 운동을 하면 근육은 에너지를 필요로 하게 된다. 근육은 지방과 탄수화물을 연소시켜서 이 에너지를 충당하는데, 이때 산소의 도움이 절대적으로 필요하다. 지방과 탄수화물은 근육에서 조달되지만, 산소를 공급하는 일은 폐에서 담당한다. 따라서 운동을 하면 산소 섭취량이 증가하게 되는데 처음에는 이에 적응이 되지 않아 숨이 찬다. 그러나 시간이 지날수록 호흡, 순환계의 기능이 운동에 적응하게 되어 운동 시작 후 2~3분이 지나면 안정상태에 이르게 된다. 운동을 할 때 사람에 따라 잘 적응되기도 하고 계속 숨이 차기도 하는데 이것은 혈액의 산소운반 능력, 심장의 심박출량, 폐포 환기량 등에 관계된다. 폐는 운동 시에는 150리터의 공기를 순화시켜서 6리터의 산소를 얻을 수 있으나 휴식 시에는 겨우 6리터의 공기에서 0.2리터의 산소만을 추출해 낼 뿐이다.

운동 중에 일어난 이런 모든 작용들은 호르몬 분비에도 영향을 미친다. 당분을 조절하는 인슐린은 감소하고 심장의 수축과 혈압에 작용하는 아드레날린은 증가한다. 신체활동이 끝나면 심장의 리듬은 3분 안에 정상으로 되돌아온다. 그러나 체온은 몇 시간 동안 떨어지지 않는다. 우리 몸은 운동이 끝난 후에는 연료를 다시 비축하고, 경련이나 탈진을 일으킬 수 있는 노폐물을 배출해야 한다.

1) 운동의 성인병 예방 효과

성인병의 대부분은 운동 부족에서 비롯된다. 특히 직장인들은 일에 쫓겨 따로 운동할 시간을 내기 어려운데, 전문의사들이 이런 사람에게 권하는 운동이 바로 '걷기'이다. 소득 수준이 높아진 뒤 현대인들은 출퇴근은 승용차로, 회사에서는 엘리베이터, 백화점에서는 에스컬레이터를 이용하느라 좀처럼 걸을 기회가 없다. 그러나 전문의들은 평소 걷기를 많이 할수록 더 건강해진다고 말한다. 최근의 한 조사에 의하면 주부는 하루에 2천 보, 사무직 직원은 하루 3천 보, 영업직 사원의 경우는 1만 3천 보 정도를 걷는다는 통계가 나왔다. 따라서 사무실에서 일하는 사람과 활동적인 사람을 비교했을 때 심장병을 비롯해 활동적이지 못하기 때문에 생기는 병으로 사망하는 비율이 4배에서 5배 정도 높다는 보고가 나왔다. 뿐만 아니라 많이 걸으면 성인병의 원인인 비만을 줄일 수 있다.

2) 운동과 장수와의 관계

노인에 있어서 운동의 중요성을 강조하기 위해서는 무엇보다도 운동이 수명에 미치는 영향부터 검토되어야 한다. 실험적으로, 운동을 시킨 쥐는 그렇지 않은 쥐에 비하여 평균 수명이 연장되는 효과를 보였다. 실제로 사람을 대상으로 한 실험에서도 체력증진이 사망률 감소에 중요한 역할을 하고 있음이 보고되고 있다. 17,000여 명의 하버드대 졸업생을 대상으로 한 하버드 졸업생 연구결과에서 하루 3마일 정도 조깅이나 그에 준하는 중등도의 유산소운동은 건강증진과 수명 연장 효과가 있음이 보고되었다. 그러나 지나친 운동량을 갖는 경우는 오히려 사망률이 높아지고, 운동선수와 일반인 사이의 사망률의 차이가 없음이 밝혀짐에 따라 건강과 장수를 위하여 필요한 것은, 운동선수와 같은 최상의 체력을 유지하는 것이 아니라, 적절한 운동량에 의한 규칙적인 운동임이 강조되고 있다.

3) 운동과 당뇨병과의 관계

노화가 진행됨에 따라 포도당 이용률이 저하된다. 이러한 변화는 주로 말초조직의 인슐린 저항성이 연령 증가에 따라, 높아졌기 때문이다. 그러나 운동은 이러한 인슐린 저항성 증가를 막아 주고 오히려 인슐린 감수성을 높여 준다. 특히 비인슐린 의존성 당뇨병 환자의 경우 운동은 인슐린 저항성을 낮추는 데 크게 기여한다. 이러한 운동의 장기 효과는 칼로리 소모율을 높임으로써 복부비만의 예방이나 감소를 가져오며 단기적으로는 인슐린 분비를 저하시키고 근육조직에서의 인슐린 작용에 대한 감수도를 높여 줌으로써 근육조직 내 포도당 이용률을 높인다. 따라서 운동은 노화가 증가됨에 따라 초래되는 당뇨병의 예방 및 치료에 유효하다.

4) 스트레스와 운동의 효과

스트레스 해소를 위한 운동의 직접적인 효과는 우선 일상생활 환경에서 벗어나 다른 환경에서 신체활동을 하는 데 있다. 즉 신체활동을 통해 에너지를 발산시킴으로써 인간의 기본적 욕구인 활동요구를 채울 수 있으며, 또한 심신의 정화(카타르시스)를 경험할 수 있다.

5) 우울증 극복을 위한 운동

우울증은 두뇌 내 심층구조에서 발달되는 아민 대사물질의 결핍에서 비롯되며 운동은 이러한 대사물질의 상승을 초래하여 긍정적인 감정상태를 유도하게 된다. 규칙적인 운동 습관을 가진 사람이 그렇지 않은 사람보다 우울증 감소폭이 크게 나타난다. 운동으로 인한 효과는 의료적 재활 치료나 심리치료를 받는 환자들 그리고 감수성이 예민한 시기에 우울증을 겪고 있는 청소년 학생들에게 가장 효과적인 치료법이라고 할 수 있다. 우울증 감소를 위해 실시하는 운동의 장소로는 환자의 질병 특성상 집에서 운동하는 것이 훨씬 더 심리적인 편안함을 주어 운동효과가 큰 것으로 나타나 고급스러운 운동장소에서 실시하면 효과가 있을 것으로 잘못 인식하고 있는 사람들에게 좋은 참고가 될 것으로 생각된다. 우울증 환자들에게 지속적으로 운동을 실시하면 일시적인 우울증뿐만 아니라 성격 특성적인 우울증 치료에도 효과적인 처방이 될 수 있다.

6) 운동과 질병

일상생활에서 요구되는 체력의 수준과 개인이 갖는 신체활동의 최대 능력 사이에는 차이가 있다. 이 차이는 운동 부족에 의해 체력이 저하되거나 이에 따른 인체의 생리적 기능이 약해지는 것을 스스로가 느껴 일상생활에서 쉽게 피로를 느끼거나 의욕이 떨어지는 등, 초기에 자각하지 못해서 점점 더 악화되는 경우가 많다.

일상생활을 하는 데에는 최대 능력의 약 40% 수준만으로도 활동이 가능하다. 평상시에는 자신의 체력수준이 낮다는 것을 잘 알지 못하지만, 스포츠 활동을 하거나 어떤 격렬한 활동을 했을 때 자신의 체력수준 상태가 낮음을 스스로 느끼게 되고 그것이 증상으로 나타나게 되는 것이다. 그러나 본인이 체력이 떨어졌음을 자각했을 때에는 이미 진행된 상태라고 할 수 있다. 떨어진 체력을 다시 회복시키는 일은 힘든 과정을 거치게 되고, 쉽게 회복되지 않으며 충분한 영양의 섭취와 휴식, 적당한 운동을 해야 한다. 그리고 잘못된 생활습관을 고쳐야 더욱 효과적으로 떨어진 체력을 회복할 수 있을 것이다.

10. 운동의 효과

순환기	·심장의 산소 요구량 감소 ·안정 상태 혈압 감소 ·혈소판 유착 감소 및 섬유소 분해 증가
호흡기	·최대 환기량 증가: 운동을 통해 폐활량 증가 ·운동 호흡수 감소: 숨이 차는 것이 줄어듦. ·폐확산능 증가: 폐 속으로 들어온 산소를 혈액으로 이동시키는 능력 향상
골격근	·마이오 글로빈 농도 증가 ·미토콘드라아 수/크기 증가 ·지방산 산화 증가
대사기능	·체지방량 및 체중 감소 ·혈중 저밀도 지단백 감소, 고밀도 지단백 증가 ·중성 지방 감소 ·뼈의 칼슘 침착 증가 ·인슐린 수용체 감응성 증가: 당뇨병에 도움
정신적 효과	·불안 및 우울 감소, 자긍심 향상

Part 03
운동과 영양

1. 영양소의 종류와 기능

영양은 보통 섭취, 소화, 흡수, 대사작용을 포함하며 살아가는 기간을 통해 이루어지는 음식의 섭취와 이용에 대한 모든 과정을 요약한 것으로 정의된다.

영양소들은 세 가지의 주요 기능을 수행한다.

첫째, 영양소들은 인체대사활동을 위해 에너지를 제공한다.

둘째, 영양소들은 신체조직을 재구성하고 발육성장을 촉진하는 데 이용한다.

셋째, 영양소는 규칙적인 대사활동이나 인체의 여러 과정을 돕는다.

1) 영양소의 종류

(1) 탄수화물

탄수화물은 섭취하는 에너지 중에서 적어도 50%는 차지해야 하며, 뇌기능을 촉진하는 데 필요하다. 탄수화물은 당류(sugars)이며, 그중에서 전분(starches)은 곡류나 그 제품(빵, 쌀, 국수류 등), 과일류, 채소류 우유나 우유제품, 그리고 여러 번 과정을 거친 음식물이나 음료를 섭취함으로써 얻을 수 있다.

(2) 단백질

단백질은 체조직의 구성에 중요하며, 성장과 손상받은 세포를 회복시키는 데 필요하다. 주로 육류, 우유 및 그 제품 생선, 난류, 종실류 등에서 얻으며 약 10~15%를 얻을수 있다.

(3) 지방

지방은 주로 음식물에서 섭취하고 체조직 형성을 도우며, 지용성 비타민 A, D, E, K를 포함한다. 포화지방은 붉은 육류 난류, 우유 및 그 제품에서 얻으며, 불포화 지방은 종실류와 식물성 기름에서 얻는다. 지방은 식이에 매우 중요하며, 에너지섭취의 30~35% 정도를 추천하고 있다.

(4) 무기질

무기질은 칼로리원은 아니지만 생물체의 구성분으로서 매우 중요하다. 무기질은 약 100여 종의 금속 및 비금속 원소로 되어 있으며, 대부분 무기염 형태로 식품 중에 존재하지만 단백질, 혈색소, 효소, 엽록소 등의 유기물 속에 들어 있는 무기질도 있다.

(5) 비타민

비타민이란 미량으로 동물의 영양을 지배하는 유기물질을 말하며,

이것이 결핍되면 성장이 정지하고 각 비타민 특유의 결핍증상을 나타낸다. 비타민은 물에 녹는 수용성비타민(B, C)과 기름에 녹는 지용성비타민(A, D, E, K)이 있다.

(6) 물

물은 체중의 62~70%를 차지하는 인체의 성분으로 인체에서 지방질을 제외한 부분을 계산하면 물의 함량이 유아는 75%, 성인은 65%이다. 그중 40%는 세포 안에 있고, 20%는 조직 사이에 있으며, 5%가 혈액 속에 있다. 성인의 함수량 중 10%를 잃어버리면 건강이 위험하고 20%를 잃어버리면 죽음을 초래한다.

2) 영양소의 기능

(1) 탄수화물

① 1g당 4kcal 열량
② 포도당으로 변화 흡수 → 간장에서 글리코겐으로 저장 → 혈액에 의해 근육조직 운반되어 에너지원 활용
③ 에너지 공급원

(2) 단백질

① 1g당 4kcal 열량
② 물질대사를 움직이는 효소와 호르몬 생성
③ 화합물 재료
④ 헤모글로빈 산소운반 체계

⑤ 수용성 지단백으로서 지질 운반

(3) 지방
① 1g당 9kcal 열량
② 장기보호 기능
③ 체온유지 절연 역할
④ 성장촉진, 습진방지 기능
⑤ 에너지 섭취가 부족할 때 바로 쓰임

(4) 무기질
① 완충작용
② 생리적인 pH 조절

(5) 비타민
① 비타민 B1: 탄수화물, 지방, 아미노산 대사에 중요한 역할
② 비타민 B2: 산화 환원
③ 비타민 C: 콜라겐 생성, Fe흡수 촉진
④ 비타민 D: Ca와 P의 장내 흡수 촉진
⑤ 비타민 K: 부족하면 혈액 응고 작용 저하

(6) 물
① 삼투압의 평형 유지
② 몸 안의 체내에서 생긴 노폐물을 요(尿)로 배설
③ 체열 발산

④ 체온 조절

3) 에너지 필요량

① 가벼운 활동을 하는 사람은 1,500~2,500cal/1일 에너지 필요

② 중등도 이상의 활동을 하는 사람은 2,500~3,000cal/1일 에너지 필요

③ 건강한 식이요법을 위한 영양소 섭취비율 탄수화물 55%, 지방 30~35%, 단백질 10~15%

2. 경기력과 식사

1) 경기 전 에너지 섭취

운동 전 사용할 글리코겐을 축적하는 것은 중요하다.

글리코겐이 없으면 근육은 지방을 연료로 하게 되고, 이는 적정한 속도에서 강도 높은 운동을 지속하는 데 어려움을 겪게 된다. 다당류와 단당류 모두 효과적이다.

2) 경기 직전 및 경기 중 에너지 섭취

경기 전 포도당의 섭취는 경기력을 감소시키지만, 대부분의 선수들은 운동 직전의 포도당 섭취가 경기력에 도움을 준다고 느끼고 있다. 이것은 체내유동액을 증가시키고 탄수화물을 축적시키는 데 좋은 방법이다.

3) 경기 후 에너지 섭취

60~90분간 강도 높게 훈련하는 선수들은 약 1,000~1,400kcal를 소모한다. 만약에 이 선수들이 하루 동안은 근글리코겐을 원상태로 충전시키려면 적어도 하루에 500g 이상의 탄수화물을 섭취해야 한다. 글리코겐은 1시간당 5% 비율로 근육에 축적된다. 이와 같이 20시간이 지나면 거의 재충전이 된다. 운동 직후 2시간 내에는 글리코겐이 약 7% 비율로 빠른 축적이 된다.

3. 운동과 영양 섭취

1) 운동 전의 영양

운동 전에는 에너지로 사용되는 글리코겐(Glycogen)을 얻을 수 있는 식사가 필요하다. 이러한 글루코겐은 탄수화물로부터 얻을 수 있다. 운동 전 영양 섭취는 소화하기 쉽고, 운동 중의 혈당을 유지할 수 있는 것이 좋다. 운동 전에 섭취하기 좋은 식품으로는 감자, 고구마, 사과, 오렌지, 스포츠 음료 등이 있다.

2) 운동 중의 영양

운동 중에는 교감신경의 긴장과 정신적인 긴장으로 위장운동이 억제되며 소화액의 분비도 저하된다. 따라서 운동 중에는 많은 양의 수분을 섭취하는 것이 운동 중의 땀 분비를 원활하게 도와주며, 운동

시의 긴장을 지속시켜 준다. 소량의 꿀, 주스 등을 물과 함께 섭취하거나 미네랄워터도 좋다.

3) 운동 후의 영양

운동으로 인해 체내의 수분 감소와 영양소의 손실이 있으므로 우리 몸은 회복을 갈구하게 된다. 이를 보충해 주기 위한 영양섭취가 필요하며 빠른 시간 내에 피로를 회복할 수 있어야 한다. 따라서 운동 직후에는 소화흡수가 쉬운 액상 상태의 주스, 꿀물 등을 섭취하여야 한다.

4. 운동선수의 영양소 필요량

1) 에너지

운동선수들의 에너지 필요량은 매우 넓은 범위로 개인의 체격, 경기종류, 운동량, 훈련의 형태 등에 따라 차이가 크다. 적게는 1,700 kcal/day이며, 장시간 지구력 경기는 4,000kcal/day 이상이 추가로 필요하다.

2) 단백질

운동경기는 단백질 소비량을 증가시키나, 많은 양의 단백질 추가 섭취는 필요하지 않다.

3) 비타민과 무기질

비타민의 섭취는 최적의 건강과 운동수행을 위해 필수적이며, 운동선수들의 비타민과 무기질 요구량은 일반인들과 거의 같거나 약간 증가한다.

운동을 심하게 하는 여성이나 청소년, 채식주의자, 장거리달리기 선수의 경우 철분 부족에 의한 운동성 빈혈에 대해 주의를 요한다. 철분 보충제는 경기능력을 매우 향상시킬 수 있으나, 무분별한 보충은 좋지 않다.

4) 수분과 전해질

수분은 운동선수의 훈련과 경기에서 중요한 영양소이다. 근육은 땀을 통해 발산하고자 하므로 운동 중에 수분이 많이 소실된다(땀 1L는 600kcal의 열에너지를 소실시킴). 운동을 심하게 할 경우 땀과 증가된 호흡으로 인한 수분 소실이 크므로 수분이 보충되지 않으면 운동능력이 급격히 감소된다.

5) 영양소를 이용한 운동 전후 효과

100m 달리기를 할 경우 인원질 과정의 에너지 대사가 이용되지만, 웨이트 운동을 할 때는 탄수화물 대사과정이 주로 이용되고, 그 후로 지방과 단백질이 이용된다. 탁구는 심폐기능이 좋아지고, 순발력이 좋아진다. 그것 외엔 30분 이상 지속적으로 운동을 해 주면, 탄수화물

과 지방질을 주로 사용한다. 탄수화물은 운동 직전에 섭취하게 되면 운동 후반부에 포도당 보충으로 운동 지속 시간이 늘어나게 된다. 그리고 운동 중간 중간에 탄수화물을 섭취하는 것도 장시간 운동할 때 많은 도움이 된다. 결국에는 탄수화물을 어떻게 공급하느냐에 따라, 운동 능률이 올라가게 되는 것이다.

운동 후에는 근육에 저장된 글리코겐은 거의 고갈되고, 힘들게 운동한 근육은 많이 지쳐 있는 상태이다. 이럴 때 당류탄수화물 식품인 바나나, 카스텔라, 포도주스 등을 섭취하면 피로를 회복할 수 있다.

Part 04
신체나이에 따른
건강관리 방법

연령에 따른 분류

구분	영·유아기	아동기	청년기				장·중년기		노년기
			중학	고교	대학	청년	장년	중년	
연령	0~5	6~11	12~14	15~17	18~21	22~25	26~45	46~64	65~

1. 영아기와 유아기

충분한 수면시간이 아이들을 크게 한다.
① 신체 발육이 완성되는 시기
② 뇌의 중량이 어른과 비슷한 시기
③ 운동에 대한 욕구 본능적 왕성

1) 권장 운동종목

달리기, 뛰어오르기, 던지기, 헤엄치기, 누르기, 당기기, 기어오르기 등 운동의 기본 동작을 포함하여 여러 종목의 운동패턴을 경험시켜야 한다. 특히, 스키·스케이트와 같은 전체적인 균형이 잡힌 전신운동, 공을 사용하는 각종 구기 운동, 줄넘기 등 접해 보는 것이 중요하다.

2) 영양학 측면

발육 촉진이 왕성한 시기인 만큼 균형 있는 양질의 식사로서 단백질, 미네랄, 비타민 등이 포함된 식품을 충분히 먹어야 한다.

탄수화물, 특히 지나치게 많은 당질이 포함된 간식은 충치를 증가시킨다든가 비만아를 만들 수 있으며, 또 어린이가 좋아하는 것만 주는 것은 편식하는 어린이를 만들게 되어 건강상 바람직하지 않다는 점에 유의해야 한다.

3) 주의사항

(1) 격렬한 운동을 급속히 행하거나 장시간 하는 것은 좋지 않다.
(2) 신경계의 발달이 빠른 시기이므로 전신적인 조정력을 기르는 데 도움이 되는 운동을 권장한다(수영, 공놀이, 스케이트, 자전거 등).
(3) 수면은 체력을 만드는 기초이므로 충분한 수면을 권장한다.

2. 아동기

신장의 발육속도가 낮게 유지되는 시기로서 발육을 촉진시키고 질병에 대한 저항력을 높일 수 있도록 운동을 해야 한다. 공의 감각, 라켓감각, 타이밍, 밸런스 감각, 몸놀림 등이 발달되는 시기이다.

1) 권장 운동종목

근력, 지구력, 순발력, 조정력, 평형성, 민첩성, 유연성 육성 중점에 중점을 둔다. 미니스포츠, 미니탁구, 미니 테니스 등이 적합하다.

2) 영양학 측면

어린이가 좋아하는 과자, 음료, 인스턴트식품에 치우치지 말고 양질의 단백질, 당 대사에 필요한 각종 비타민, 골 형성 및 조혈에 필요한 각종 미네랄을 야채나 과일과 같은 자연식을 알맞게 섭취한다.
아동기에 있어 주의사항으로서는 체력과 체력이 아직 발육단계에 있는 시기이기 때문에 성인들과 더불어 같이 하는 운동이나 운동기구는 하지 않는 것이 좋다. 자기중심적인 생각과 남을 놀려 주고 골탕 먹임으로써 자기만족과 쾌감을 느끼는 마음을 갖게 되는 시기이므로 정신적인 측면도 중요하다.

3. 청년 전·중기

1) 중학생 시기(사춘기 발동)

마음을 따뜻하게 해 주어야 하는 시기로서 정신적으로나 신체적으로 큰 변화가 나타난다. 근력, 순발력, 지구력, 조정력과 같은 행동체력이 크게 향상되는 시기로서 자신에게 적합한 운동을 발견하는 단계이다.

⊙ 주의사항

무리한 트레이닝은 절대 금물, 가능한 여러 운동종목을 체험하면서 기초 기술을 습득한다. 신체, 외모에 대한 관심이 높아져서 극도의 제한으로 체중을 감량하려고 하는 경향을 자제해야 한다.

2) 고등학생 시기

평생 즐길 수 있는 운동종목을 선택하는 시기로 고등학생 시기에는 개인별의 차이는 있으나 남자의 평균 신장은 18세, 여자의 경우 16세까지 성장한다. 체중, 흉위, 대퇴의 무게와 둘레는 계속 늘어나는 시기이며, 체격과 체력이 모두 최종 발육발달 단계에 도달하기 때문에 운동과 트레이닝의 효과가 크게 나타난다. 근력과 심폐기능, 조정력의 향상을 목표로 본격적인 트레이닝을 실시해야 하는 연령대이다.

3) 대학생 시기

주 2~3회 땀 흘릴 정도로 운동을 해야 하는 시기로서 체력조성기에 있기 때문에 더욱 강조되어야 함에도 불구하고 흔히 필요한 신체운동을 경시하는 경향이 있는 것이 문제이다. 단순한 신체운동뿐 아니라 한 걸음 더 나아가 신체운동 효과를 과학적으로 이해하고 필요성을 인식해야 한다.

4) 청년 후기(대학기)

신체의 발달이 가장 충실하며 완성되는 시기이다. 운동의 질과 양이 적절해야만 효과를 얻을 수 있으며 지나치면 오히려 손상을 입을 수 있다.

4. 장·노년기

체력을 향상시키는 데 목적을 두는 것보다 쇠퇴를 방지하는 의미에서 운동해야 한다. 산책, 자전거, 골프, 체조, 수영, 테니스 등을 권장한다. 노화란 시간이 경과함에 따라 성숙이 완료된 생물체 기관의 구조와 기능이 점진적으로 쇠퇴해 가는 현상이라 정의될 수 있다. 즉 이 시기는 사망률이 급증하는 시기로서 동맥경화의 방지 및 혈압과 혈청, 콜레스테롤의 저하가 중요하다.

1) 신체적 특성

몸을 이루고 있는 성분은 지방분, 고형분, 수분으로 나눌 수 있는데, 나이가 들수록 지방분은 크게 늘어나는 반면 고형분과 수분은 상당히 줄어들게 된다. 25세 청년의 경우는 지방분, 고형분 수분이 각각 14%, 25%, 61%를 차지하지만, 노인은 30%, 17%, 53%를 이루고 있다. 뼈 속의 칼슘분은 점점 없어지므로 뼈가 가벼워지고 밀도도 낮아지게 된다.

2) 심리적 특성

노년기의 일반적인 심리적 특성으로 우울증, 경직성, 조심성, 생에 대한 회고 경향, 애착심 의존성 등이다. 우울증의 경향은 노년기 전반에 걸쳐서 증가한다. 노령에 따른 여러 가지 스트레스, 신체적인 질병, 배우자의 죽음, 경제사정의 악화, 사회와 가족들로부터의 소외와 고립, 일상생활에 대한 자기통제의 불가능, 지나온 세월에 대한 회한 등이 원인이 되어 우울증이 증가한다.

3) 사회적 특성

노년기에 기대되는 사회적 역할이나 행동규범이 일반적으로 확립되어 있지 않으므로 노인의 사회화는 어려움이 많다.

4) 노인성 질환

노화와 밀접한 관련을 갖고 발생하는 신체적(류마러스관절염, 퇴형성 관절, 오십견 등)·정신적 질병(정신쇠약, 뇌매 등)을 말한다.

5) 운동 시 주의사항

(1) 더울 때는 탈수, 탈진, 일사병을 유발할 수 있으므로 피한다.
(2) 추울 때는 고혈압, 협심증, 뇌졸중 증상을 유발할 수 있으므로 주의한다.

(3) 피곤하거나 컨디션이 나쁠 때는 운동을 하지 않는다.

(4) 운동 중에 힘들면 중단하고 휴식을 취하도록 한다.

(5) 노인들은 탈수되기 쉬우므로 운동 전후에 물을 섭취하도록 한다.

(6) 운동 전후에 커피, 콜라, 홍차 등을 마시는 것을 피한다.

(7) 운동 후에 흡연은 특히 금해야 한다.

(8) 운동 후 더운 물 또는 차가운 물 샤워는 금한다.

(9) 노화에 의한 시력감퇴를 고려하여 채광이 좋은 장소를 선택한다.

6) 간단한 체조

(1) 유연성을 기르는 체조
① 팔의 체조: 어깨와 가슴 근육을 활동시킨다.

② 옆구리 체조: 등의 유연성을 기른다.

③ 허리와 무릎 체조: 허리와 무릎의 운동이다.

④ 머리, 팔, 동체 비틀기: 몸의 회전을 촉진시킨다.

(2) 체력을 기르는 체조
① 몸의 중심을 바꾸기: 가슴, 팔, 어깨를 단련한다.

② 복부의 체조: 배의 근육을 죄고 튼튼하게 한다.

③ 다리의 체조: 다리 근육을 강하게 한다.

Part 05
스트레스 및
피로 대처법

Part 05. 스트레스 및 피로 대처법

중점학습내용	1. 스트레스 2. 피로와 운동
Key word	스트레스, 피로, 운동법

1. 스트레스

외부로부터의 자극에 적응하기 위해 체내에서 일어나는 대응 과정이다.

Lazarus(1966)는 스트레스 압박을 의미하는 것으로 상황의 객관적인 자극, 즉 불안 상태 또는 상황을 가리키는 것으로 어느 정도의 육체적·심리적 위험성을 띤 객관적 상황의 자극이라고 정의하였다.

1) 스트레스 증상

(1) 두통이 있거나 머리가 무겁다.
(2) 감기 증상이 있다.
(3) 숨이 차다.
(4) 몸의 떨림과 경직상태가 가끔 있다.
(5) 잦은 변비와 설사에 시달린다.
(6) 가슴앓이와 구토기운이 있고, 식욕이 없다.

(7) 불면증 기미가 있다.

(8) 몸이 나른해지고 쉽게 피곤해진다.

(9) 눈이 쉽게 피로해진다.

(10) 초조하다.

(11) 흥분하여 화를 잘 낸다.

(12) 집중력이 떨어지고 끈기가 없어진다.

(13) 조그마한 일에도 크게 놀란다.

(14) 가만히 앉아 있지 못하고 용무와 관계없이 돌아다닌다.

(15) 건망증과 혼란이 잦다.

(16) 논리정연하게 얘기를 하거나 글로 쓸 수가 없다.

(17) 무엇인가에 부딪히거나 걸려 넘어지기 쉽다.

2) 스트레스 이론

(1) 생활사건 이론

Holmes and Rahe(1967)가 스트레스를 설명하는 가장 간단한 모델 중 하나이다. 이는 스트레스를 많이 주는 순서로 점수를 부여하는 방법으로 점수가 높으면 개인에게 더 많은 생활의 적응을 요구하는 것이며 전체 점수가 150~199점은 적은 인생위기(Mild life crisis), 200~299점은 보통 인생위기(Moderate life crisis), 300점 이상은 큰 인생위기(major life crisis)로 분류해 놓았다.

(2) 개인-환경적 모형

이 모델은 French가 제시한 것으로 개인적인 요인과 환경적인 특성을 강조한 모델이다.

다른 사람의 요구를 무시한다든지, 당신 자신보다는 다른 사람의 약점으로 봄으로써 스트레스를 줄일 수 있다는 것이다.

(3) 스트레스/약점 모델(The Stress/Vulnerability Model: Type A 행동)

환경적 특성보다는 사람의 특성을 강조한 모델이다. 성취를 위한 열렬한 노력, 경쟁, 참을성 없는 급한 제스처와 말, 대단한 욕구와 적개심을 가진 사람 등이 있다.

(4) 자기가 측정할 수 있는 스트레스 계산법

검사항목의 채점방법은 '거의 언제나 그렇다(1점), 그러한 일이 많다(2점), 보통이다(3점), 그러한 일이 별로 없다(4점), 그러한 일이 결코 없다(5점)'이고 그러고는 20개 항목의 전체 점수를 합하여 거기에서 20점을 빼면 된다. 그래서 남은 점수가 30점 이상이면 스트레스에 조금 침범되기 쉽고, 50~70점이면 일정 부분 침범되기 쉽고 70점 이상이면 대부분 침범되기 쉽다.

테스트 항목은 다음과 같은 것이 있다.
① 하루 한 번 밸런스가 취해진 따뜻한 식사를 하고 있다.
② 일주일 중 4일은 7~8시간 잠을 잔다.
③ 언제나 애정을 쏟을 수 있는 상대가 있으며 애정을 주는 사람이 있다.
④ 최소한 주 2회 땀을 듬뿍 흘릴 정도의 운동을 한다.
⑤ 의지할 수 있는 친척이 약 2백 리 이내 거리에 최소 한 사람이

살고 있다.

⑥ 하루 반 갑 이하로 흡연한다.

⑦ 신장에 알맞은 적정한 몸무게를 유지하고 있다.

⑧ 지출에 알맞은 수입이 있다.

⑨ 신앙이 힘을 돋우어 주고 있다.

⑩ 클럽이나 사회활동에는 정기적으로 참석한다.

⑪ 친구와 아는 사람과의 교제만이 있다.

⑫ 개인적 문제를 터놓을 수 있는 친구를 가지고 있다.

⑬ 건강은 양호하다(눈, 이를 포함해서).

⑭ 화를 내거나 정신이 안정되지 않을 때 자기감정을 솔직히 이야 기할 수 있다.

⑮ 집안일, 금전, 일상생활 등 가정문제를 언제나 가족들과 의논하 고 있다.

⑯ 최소한 일주일에 한 번은 오락을 즐긴다.

⑰ 자기의 시간을 유효하게 배정할 수 있다.

⑱ 하루 중 커피(차, 콜라 등)는 석 잔 이내이다.

⑲ 잠깐이라도 자기만의 조용한 시간을 가질 수 있다.

⑳ 웃는 일이 자주 있다.

(5) 스트레스 예방 및 처리법

① 휴일에는 땀이 흐를 정도의 운동을 반드시 한다.

② 피로를 느끼면 잠을 푹 자는 게 좋다

③ 스트레스가 쌓일 때 심호흡을 한다.

④ 이완기법을 통해 긴장을 푼다.

⑤ 행동적 조정이 필요하다.

⑥ 매사에 오래 망설이는 것을 피하라.

⑦ 긍정적이고 낙관적인 사고를 지닌다.

⑧ 시간관리를 잘하라.

⑨ 한 번에 한 가지 일만 하라.

⑩ 항상 메모하는 습관을 가져라.

⑪ 할 수 없을 때에는 솔직하게 '아니요'라고 말하라.

⑫ 의문 나는 것이 있으면 바로 질문하라.

⑬ 놀 때는 열심히 놀고 일할 때는 열심히 일하라.

⑭ 걱정이 많은 사람을 친구로 두지 마라.

⑮ 지킬 수 없는 약속은 애초에 하지 마라.

(6) 스트레스를 퇴치하는 식사습관

① 과식이 스트레스 체질을 만든다.

② 칼슘 부족이 불안과 초조함을 이끌어 낸다.

③ 설탕을 과잉 섭취하면 스트레스를 유발한다.

④ 비타민C는 스트레스를 방지한다.

⑤ 짠 음식은 삼가는 게 좋다.

⑥ 지방질의 섭취량을 줄인다.

2. 피로와 운동

피로(fatigue)란 일반적으로 작업능력이 저하된 상태를 의미한다.
산업화와 기계문명의 발달로 인해 현대인들은 많은 혜택을 누리고 있는 것이 사실이다. 그러나 인간의 노동력보다 기계에 더 많이 의존하고 있는 만큼 인간의 신체활동 기회는 점점 줄어들고 있으며, 이로 인해 건강과 체력이 점점 약해지고 있는 부작용을 초래하고 있다.

대부분의 사람들은 심한 육체적 노동을 하거나 수면이 부족하게 되면 일시적으로 피로를 경험하게 된다. 피로는 이러한 일상적인 활동을 한 후에 비정상적으로 지치거나 원기가 부족하여 지속적인 노력과 주의를 요구하는 일을 감당하기 어려운 상태 또는 전반적인 활동능력이 감소된 상태를 말한다.

1) 피로의 종류

(1) 정신피로와 육체피로

정신피로는 신체활동이 거의 없어도 정신적으로 계속 긴장을 강요당할 때 일어나기 때문에 중추신경계에 한해 일어나는 현상으로서 생리학보다는 심리학적 대상이 되고 있다. 육체피로는 신체에 나타나는 피로로서 근육에 일어나는 경우가 많다. 스포츠 활동에 의한 피로는 주로 이러한 종류의 신체피로인데, 특히 단순한 근육운동을 주로 할 때는 거의 이런 형태에 속하는 근육 피로가 많다.

(2) 급성피로와 만성피로

급성피로는 심신이 극심한 노동상태에 있을 경우 불가피하게 나타나는 결과로서 건강조건과 육체적 단련 정도에 따라 감수성과 회복이 다르게 나타난다. 만성피로는 날이 갈수록 서서히 활력이 저하된 상태를 일컫는다.

(3) 정상피로와 축적피로

정상피로는 정상적인 건강을 가진 사람은 어느 정도 심한 피로가 왔다 하더라도 다음 날까지는 회복되는 것을 일컫는다. 축적피로는 다음 날에도 회복되지 않고 매일 조금씩 축적되는 경우를 말한다.

(4) 국소피로와 전신피로

국소피로는 신체 일부의 근육군 또는 기관 내에 부하되는 피로로서 산업적 노동현장에 많고 때로는 고통을 느끼거나 건강에도 좋지 못한 영향을 미치게 한다. 전신피로는 전신운동에 의해서 일어나는 것이므로 에너지 소모는 크지만 피로감이 적고 회복도 대단히 빠른 것이 특징이다.

2) 피로의 원인

(1) 피로는 활동의 원천이 되는 당분이 많이 소모되거나 당분이 균형이 깨질 때 생긴다.
(2) 작업이나 운동 등을 실시함으로써 몸속에 젖산과 같은 피로물질이 축적될 때 피로를 느끼게 된다.
(3) 정신적 작업이나 반복되는 운동에 의해 신경기능이 저하될 때 피로를 느끼게 된다.

3) 만성피로 증후군

만성피로는 정식 병명은 아니지만 보통 육체적으로 일어나기 쉬운 피로와는 성질이 조금 달라서 상당히 정신적인 영향이 크다.

(1) 만성피로의 원인

실제로 몸 어느 한곳이 뚜렷하게 아픈 것도 아니어서 그 원인을 찾기란 쉽지 않다.

① 생리적 요인

    ㉠ 신체적 운동증가로 피로가 누적될 경우

    ㉡ 불충분한 휴식으로 피로가 생기는 경우

    ㉢ 정착성 생활방식으로 인한 경우

    ㉣ 환경적으로 스트레스를 받는 경우

    ㉤ 신체적 장애로 노동의 요구수준과 부합하지 않은 경우

② 습관적 요인: 습관성 카페인 상용, 알코올 중독, 기타 물질 남용으로 인한 경우

③ 정신, 사회적 요인: 우울증, 기분부전증 및 애도, 불안관련 장애, 스트레스 반응으로 피로가 발생

(2) 만성 피로 검사

면역검사, 틸트 체이블 검사, 뇌 단층촬영, 뇌 스펙트 촬영 등

(3) 만성피로 증후군의 근거

① 예전과는 다른 피로감이 6개월 이상 지속된다.

② 쉬어도 피로감이 계속된다.

③ 피로해서 직상생활의 능률이 심각하게 떨어졌다.

(4) 만성피로의 치료법

① 원인질환의 치료: 약물과 함께 지속적인 상담

② 행동요법: 어느 때에 피로가 가장 심한지, 어느 때가 가장 컨디션이 좋은지를 알아내서 계획을 세우는 것이 중요하다.

4) 피로회복 방법

(1) 젖산의 제거	(2) 휴식과 수면	(3) 영양공급

피로를 효과적으로 회복하는 것은 이후의 신체활동을 원활히 하기 위해서도 중요하지만 운동 효과를 높이기 위해서는 필수적이다. 효과적인 피로 회복 방법으로는 운동으로 고갈된 에너지원의 보충, 운동으로 생긴 부산물의 신속한 제거, 무기질을 포함한 영양소 보충, 기타마사지 등의 물리적인 용법 등이 있다(휴식과 수면).

5) 피로회복에 좋은 운동

피로회복에 좋은 운동과 적당한 운동시간 운동량은 일반적으로 에너지 생성과정의 총량이라고 하지만 단시간 안에 생기는 에너지 생산과정과 그 지속 시간을 곱하는 방식으로 구할 수 있다.

운동의 종류에는 운동에 필요한 에너지를 만들어 내는 방법에 따라 유산소운동과 무산소운동으로 나누며, 또한 충격의 정도에 따라 고충격 운동과 저충격 운동으로 나눌 수 있다. 운동은 자기에게 알맞게 해야만 큰 효과를 얻을 수 있으며 따라서 그 기준을 알아 두어야 한다.

운동시간은 최소한 하루 20분을 해야 효과적이며 30~60분이 바람직하다.

운동 강도는 자기 운동능력의 50~80% 범위 내에서 운동시간은 하루 20~60분 정도에 일주일에 3~5일 운동하는 것이 이상적이다. 운동의 내용은 안전하고 유효하고 아울러 즐거움을 갖는 것이 중요하며 양손, 양발을 사용하는 리듬이 있는 전신운동이 바람직하다. 호흡을 잘할 수 있는 정도의 유산소운동을 하는 것으로 속보, 조깅, 수영 에어로빅 등이 있다.

Part 06
비만과 숨은 진실

1. 비만의 정의

비만이란 주로 체내의 피하에 지방이 과잉 저장 및 축적된 상태를 말하는데, 일반적으로 에너지 섭취량이 에너지 소비량을 초과하여 초과된 에너지량이 체지방으로 피하 등의 조직에 침착됨으로써 일어나는 체중의 이상증가 현상이다.

2. 비만의 판정기준

비만의 기준을 정하는 일은 반드시 필요한 일임에도 불구하고 정확하게 측정하기가 쉽지 않다. 일반적으로 과체중은 질병의 빈도가 높아지는 시점을 말하며, 표준체중을 20% 이상 초과한 경우를 뜻한다. 따라서 비만은 체중이 표준체중 수치 이상으로 늘어남에 따라서 체지방의 양이 증가하여 지방을 환산하는 방법, 총 신체열량을 측정하는 방법, 신체비중을 측정하는 방법 등이 있는데 가장 많이 이용되는 방법은 신장과 체중을 이용한 방법과 체지방 측정법이다.

1) 신장과 체중을 이용하는 방법

체중을 측정하여 비만을 추정하는 방법은 널리 이용되고 있기는 하지만 체중만으로는 체내 지방량을 정확히 나타내는 것이 힘들고 또한 여러 요인에 의하여 변동이 심하기 때문에 체격과 신장 그리고 체중을 이용한 공식을 이용하는 방법이 고안되어 사용되고 있다.

(1) 체격 이용 방법

비만을 가장 간단히 알 수 있는 방법으로 가슴둘레, 허리둘레, 둔부둘레를 비교하는 방법이 있는데, 이 방법은 사람을 반듯하게 눕히고 배꼽 주위의 허리둘레와 가슴둘레를 측정하여 허리둘레가 가슴둘레보다 클 경우에 비만으로 규정하는 방법이다. 이때 허리와 둔부의 둘레 비를 기준으로 남자가 1 이상, 여자의 경우 0.9 이상인 경우 이를 특별히 중심성 비만으로 판단한다. 허리가 둔부둘레보다 높은 중심성 비만증 환자는 과체중이나 비만의 정도가 낮더라도 지방분포가 국부적이어서 이에 따라 대사이상이 급격히 증가될 가능성이 있다는 것을 시사해 준다.

이 방법은 단순하여 간편성은 있으나 정확히 진단하는 데는 한계가 있다.

(2) 표준체중 간이계산법(Broca 지수)

표준체중 간이계산법은 신장(cm)에서 100을 뺀 수치를 표준체중으로 가정하고 표준체중의 110~120%는 과체중으로, 120% 이상을 비만으로 판정하는 방법이다. 이 방법은 Broca가 서양인을 대상으로 개발하였기 때문에 동양인을 대상으로 할 때에는 0.9를 곱하여 사용하도록 한다.

> 표준체중＝{신장(cm)－100} * 0.9(kg)

이 Broca식을 수정하여 사용하는 경우에도 신장이 작은 사람에게서 정상체중을 비만으로 오진하고, 신장이 큰 사람에게서는 비만이 정상으로 오진되는 경향이 있기 때문에 다음과 같이 수정하여 사용한다.

> 신장 160cm 이하일 때: 표준체중＝{신장(cm)－105}kg
> 신장 160cm 이상일 때: 표준체중＝{신장(cm)－110}kg

(3) 체질량 지수(BMI)

체질량 지수는 가장 널리 사용되는 비만 판정법으로 비만과 높은 상관관계가 있다고 연구되었다. 이 체질량 지수는 체중(kg)을 신장(cm)의 제곱으로 나누어 산출한다.

> 체질량 지수(BMI)＝체중(kg) / 신장(m)^2

한편, 산출된 체질량 지수의 수치가 25 이하일 때에는 정상으로, 25~29 사이면 과체중, 그리고 30 이상일 경우 비만으로 정의한다. 이 체질량 지수를 보다 간편하게 알아볼 수 있는 방법으로는 BMI 산출도표를 이용하는 것이다. 체중과 신장 사이를 직선으로 연결하여 비만도 선과 만나는 지점이 체질량 지수이다. 이 방법을 계산하지 않고도 쉽게 BMI를 산출할 수 있다.

(4) Rohler 지수

이 지수는 학교에서 아동의 신체충실지수를 산출할 때 많이 사용하는 방법이다.

Rohler 지수에 의한 비만도의 판정은 그 수치가 140~159일 때를 과체중으로, 160 이상일 때를 비만으로 진단한다.

$$\text{Rohler 지수} = \{체중(kg) / 신장(cm)^3\} * 10^3 * 10^4$$

※ 체지방을 통한 비만 판정기준

판정기준	남성(%)	여성(%)
마름	70.~9.9	14.0~16.9
저지방	10.0~12.9	17.0~19.9
균	13.0~16.9	20.0~23.9
과지방	17.0~24.9	24.0~29.9
비만	25.0 이상	30.0 이상

2) 체지방 측정법

정상체중과 비만의 판정기준은 다소 임의적이다. 젊은 남자의 정상 체지방 기준치는 대략 15%이며 20% 이상일 때 비만으로 간주하는 반면, 중년 남자의 경우 체지방 기준치는 대략 25%로 30% 이상일 때 비만으로 간주한다. 젊은 여성의 경우는 체지방 비율이 30%일 때 비만으로 간주하고 37%를 한계치로 본다.

(1) 수중체중 측정

수중체중에 의한 %체지방의 계산은 아르키메데스의 원리에 따라 신체밀도를 산출한 다음 공식에 대입하여 값을 얻는다. 이 방법은 %체지방을 정확히 구할 수는 있으나 수온에 따른 물의 밀도 변화, 폐 속에 남아 있는 공기의 측정상 어려움, 물속에 들어가 체중을 측정하여야 하는 측정방법상의 불편으로 인해 연구 목적 이외에는 사용이 그리 많지 않다.

(2) 피부두겹법

피부두겹법에 의한 %체지방의 산출은 간편한 캘리퍼를 사용하여 신체의 특정부위의 피하지방 두께를 측정한 다음, %체지방 산출공식 및 도표를 사용하여 계산하는 방법이다. 이 방법은 간편하고 실용적이며 정확하기 때문에 비만도를 진단하는 데 가장 많이 쓰인다. 일반적으로 남자는 가슴, 복부, 대퇴전면을 측정하고, 여자는 상완삼두근, 상장골, 대퇴 전면 등 각각 세 부위를 측정하여 3회 측정 후 그 평균값을 대표치로 하되 측정치의 오차가 2mm 이상이 되면 다시 측정한다. 측정의 구체적인 결과는 다음과 같다.

① 엄지손가락과 집게손가락으로 측정 부위의 피하지방을 견고하게 잡고 서서히 들어 올린다.

② 캘리퍼를 손가락으로 측정부위의 피하지방을 견고하게 잡고 서서히 들어 올린다.

③ 피하지방을 견고하게 잡은 후 캘리퍼의 손잡이를 서서히 놓는다.

④ 캘리퍼의 손잡이를 놓은 후 1~2초가 0.5mm까지 피하지방 측정치를 기록한다.

3. 비만의 원인 및 유형

1) 유전적 원인

비만증은 대체로 부모가 비만일 경우나 과식하거나 운동량이 부족할 경우 나타날 확률이 높다. 한 연구결과에 따르면 부모가 모두 비만일 경우 자식이 비만일 가능성은 약 70%가 넘으며, 부모가 모두 말랐을 경우에는 자식의 비만 가능성은 10% 내외라는 것이다. 이러한 수치에 따르면 일반적으로 대부분의 비만증 발생은 유전적인 요인과 상당한 밀접한 관련성을 지니고 있다고 볼 수 있다. 따라서 비만증의 발생원인은 부모에 의한 유전적 요인과 식생활습관 및 운동 부족 등의 환경적 요인이 상호 작용하여 일어나는 것으로 보는 것이 가장 일반적인 견해라고 해석된다.

2) 환경적 원인과 식생활 양식

비만증이 환경적 요인 또는 식생활 양식에 의해 발생한다는 견해는 부모의 식생활 습관을 그대로 답습하는 데서 그 원인을 찾고 있다. 비만한 부모와 동거하는 자녀들은 과식을 하거나 급하게 식사하는 습관을 그대로 따라 하기 쉬우며, 이러한 식사습관과 같은 환경적 요인이 비만을 일으키는 원인을 제공한다는 것이다. 특히, 하루 중 총에너지 섭취량이 같다고 하더라도 여러 번에 나누어 섭취하는 것보다 한 번에 많은 양의 음식을 섭취한 경우 더 큰 체중증가를 유발한다는 것이다. 그 이유는 1회의 과식에 따른 인슐린의 분비 증가로 지방합성이 증가되기 때문이다. 또 비만인의 경우 야간에 집중적으로 식사를 하는 경우가 있는데, 이러한 경향은 남자보다 여자에게서 더 많이 나타난다. 이것은 아침 식사를 간단히 하고 저녁에 회식의 기회를 많이 가지는 현대인의 식생활 패턴에 경종을 울리는 것이라 하겠다.

3) 지방세포설

비만한 성인이 체중을 줄이게 되면 지방세포의 크기는 줄어들지만 지방세포 수는 감소하지 않는다.

비만증이 있던 사람이 체중을 감소시킨 후 또다시 에너지 소비의 불균형이 발생하면 언제라도 비만한 사람이 될 수 있음을 의미한다. 지방세포 수는 성인인 경우 더 이상 증가하지 않기 때문에 이후에는 에너지 섭취량에 따라 지방세포의 크기가 작아지게 되는데, 작아진 지방세포는 식욕을 조절하는 중추인 뇌의 시상하부를 자극하여 음식을 간절히 먹고 싶어 하게 된다. 이때 의지력 있는 식이통제를 완벽하게 하지 않게 되면 또다시 비만하게 되는 악순환을 반복하게 되는데 이 현상을 '요요현상'이라고 한다.

4) 운동 부족

신체를 비만하게 하는 직접적인 원인은 무엇보다도 과식을 하는 식사습관과 섭취한 체내 열량의 불균형한 소비로 볼 수 있는데, 비만인 사람의 섭취열량을 조사해 보면 정상체중을 가진 사람의 열량보다 많지 않거나 오히려 적은 경우가 있어서 에너지의 과잉섭취보다는 아마도 에너지 소비의 부족이 비만이 발생하는 데 더 심각한 작용을 한다고 생각된다. 연구 결과에 따르면 비만아동들은 신체활동에 있어서 매우 소극적임을 보여 주고 있다. 또 다른 연구에서는 비만한 여고생 집단과 정상체중의 여고생 집단을 비교하였더니 열량 섭취량은 비슷하지만 비만한 집단은 거의 신체활동을 하지 않거나 가벼운 활동만 수행하는 것으로 나타났다. 이러한 사실로 보아 과식보다는 운동 부족이 비만 발생에 더 중요한 요인으로 작용되었음을 알 수 있다. 그러므로 비만증 예방을 위해서는 어릴 때부터 다양한 신체활동에 참여하는 습관을 형성시켜야 하며, 성인이 되어서도 항상 건강한 생활을 영위하기 위해서는 운동의 중요성을 인식하고 운동을 실천하도록 해야 할 것이다.

5) 증후성 비만

증후성 비만은 내분비 계통의 이상으로 인해 생기는 비만인데 전체 비만증의 1% 이하로 비교적 드물다. 비만증을 유발하는 증상으로는 부신피질 호르몬의 과다 분비를 초래하는 쿠씽 증후군을 비롯하여 갑상선 기능 저하증, 다낭성 난소 등이 있으며, 이들 질환은 피하에 지방을 과도하게 축적시켜 비만을 유발하는 특징이 있다. 그러나 이 증후성 비만은 원인을 발견하면 완치가 가능하다.

6) 약물에 의한 비만

대부분의 비만은 에너지 섭취와 소비의 불균형으로 생기지만 몸

안에서의 에너지 이용과 에너지 저장 과정상의 이상으로도 생길 수 있고 약을 많이 복용하여서 생길 수도 있다. 비만증을 일으킬 수 있는 약물의 대표적인 것은 강력한 소염 작용을 하는 세테로이드라는 부신피질호르몬이다. 이 스테로이드는 염증을 억제하는 작용뿐 아니라 신체 내의 지방축적작용을 하기 때문에 장기간 복용하게 되면 점차 비만증을 초래하게 된다. 또한 이 약은 식욕을 왕성하게 하여 음식을 많이 먹도록 한다. 이 외에도 비만을 일으키는 약물로는 신경안정제, 골다공증 치료제인 에스트로겐 등이 있는데, 질병 치료를 위해서 이들 약물을 복용할 때에는 식이요법을 통해 열량섭취를 줄이고 운동요법으로 에너지 소비량을 증가시키는 등의 조치가 병행되어야 한다.

7) 비만의 유형

비만의 원인이 다양하듯이 비만의 형태에도 여러 가지가 있다. 비만의 유형은 연령에 따라 평생 비만과 성인형 비만으로 분류되며, 신체 비만 부위에 따라 중심성 비만과 말초성 비만, 그리고 성별에 따라 남성형 비만과 여성형 비만, 체형에 따라 상체비만과 하체비만 등으로 분류할 수 있다.

평생 비만은 어려서부터 비만하여 사춘기를 거쳐 성인기에 이르러서도 비만함을 그대로 유지하는 사람으로 몸통과 팔다리가 모두 뚱뚱한 말초성 비만인 것이 특징이다. 이런 경우는 대개 비만의 정도가 심하여 표준체중의 1.5배인 경우가 많다. 평생 비만은 지방세포 수가 늘어나고 크기가 커지는 비만이기 때문에 운동으로 체중을 감소시켜 지방세포의 크기가 줄었다 하더라도 지방세포의 수에는 변함이 없기 때문에 체중감소 이전의 비만상태로 돌아가는 요요현상이 나타나기 쉽다. 한편, 대부분의 비만증인 사람은 성인병 비만에 속하는데, 이것은 어릴 때에는 대부분 마르거나 평균체중이었으나 성인기에 이르러 식생활 양식과 운동량의 불균형으로 나타나는 비만이다. 사지는 가늘고 배가 나오는 중심성 비만증을 나타내는 것이 특징인 성인형 비만은 평생 비만에 비해서는 치료하기가 용이하고 재발하는 경우도 드물다. 그러나 복부비만의 경우 다른 피하지방보다 분해가 쉽게 되어 혈중지방농도를 높여 동맥경화를 유발하기 때문에 훨씬 위험하다. 남성형 비만과 상체비만은 유사한 개념으로 배꼽을 중심으로 하여 상체가 하체에 비해 비대한 것이 특징이고, 이에 반해 여성형 비만과 하체비만은 상체보다 하체 부위 특히 엉덩이와 허벅지가 풍풍한 경우를 뜻한다.

4. 비만의 문제점

1) 심장병

체중이 증가하면 그만큼 몸의 면적도 커지게 되는데 이는 피의 순환시스템을 좀 더 늘려야만 하기 때문에 정맥, 동맥, 모세관 현관 등은 그에 따라 증가되어야 한다. 이러한 체중증가로 인하여 심장활동은 더 많은 부담을 갖게 된다.

2) 당뇨병

비만인 사람들은 유전성의 당뇨를 예방하는 데 불리하다. 부모가 당뇨병에 걸렸다고 해서 모든 후손들이 당뇨병을 갖는다는 것은 아니며, 적절한 식이요법으로 발병을 막거나 지연시키는 것은 가능하다.

3) 편평족

뚱뚱한 사람들은 정상인보다 더 많은 하중이 다리에 가하게 되므로 다리에도 문제가 생기며, 평발이 되기 쉽다.

4) 관절

비만자는 무릎, 허리, 발목의 연결 부분에 큰 부담을 주기 때문에 정상인보다 근육에 무리가 가해지게 되므로 경련을 일으키기도 한다.

5) 탈장

복부에 지방이 축적됨에 따라 복부의 팽창감이 증가하게 된다. 만약 복부벽이 약하면 지방은 복부의 약한 곳을 통해 장의 일부분이 돌출되기 때문에 긴장감을 줄지도 모른다.

6) 고혈압

고혈압 증세는 비만인 사람이 정상인보다 2배 이상 걸리기 쉽다. 혈압은 지방이 축적될수록 높아지는 경우가 있다. 왜냐하면 비만인 사람의 심장은 피의 흐름을 순환시키는 데에 추가적인 부담을 안고 있기 때문이다.

5. 비만의 예방과 치료

1) 예방법

최근 우리나라도 비만증이 커다란 사회문제로 대두되기 시작하고 있는 실정이다. 이 비만증은 주로 유전적 소인을 가지고 있는 사람들, 그리고 과식하는 습관과 충분한 신체활동을 하지 않는 사람들에게 발생하기 쉽다. 이 중에 유전적인 소인은 어쩔 수 없다 하더라도 규칙적인 식사시간과 습관, 식사 내용의 편중 지양, 그리고 부족한 신체활동의 해결 등을 통해 비만증은 어느 정도 예방될 수 있다.

비만증의 예방에 대해 몇 가지를 살펴보면 **첫 번째,** 바쁘게 일을 해야 하는 현대생활에 적응하다 보면 규칙적인 식사시간의 확보에 어려움이 발생한다. 따라서 식사시간을 정확하게 지키는 것이 중요하다.

두 번째로, 올바른 식사습관의 형성도 비만예방에 중요한 요소이다. 식사습관이란 식품점에서 음식물을 구입하여 준비하고 요리하여 어느 시간에 누구와 함께 먹는가 등 모든 요소를 포함하는 개념이기 때문에 한번 잘못된 식사습관을 고치기란 매우 어렵다. 따라서 비만증을 예방하기 위해서는 식사습관에 대한 구체적인 관심이 필요한데, 그 예로 비만증의 위험이 있고 감자튀김을 특히 좋아하는 사람에게 단순히 감자튀김을 먹지 못하게 하는 것은 비만예방에 그다지 큰 효과를 가져다주지 못하기 때문에 감자튀김이 비만 발생에 어떠한 영양을 주는지를 잘 설명하여 스스로 이 감자튀김을 사지 않도록 지도하는 것이 필요하다. 즉 규칙적으로 적당량의 식사를 하는 식습관이 지켜질 때 비만증이 예방된다는 것이다.

세 번째로, 균형 잡힌 영양섭취를 위한 식사내용이 문제이다. 근래 우리의 주위 환경을 살펴보면 우리의 식사패턴이 지극히 서구화되고 있음을 쉽게 알 수 있다. 경제 수준의 상승으로 동물성 단백질 및 지방의 소비가 늘어나고 있으며, 햄버거나 피자와 같은 고칼로리 음식을 간식으로 섭취하고 있는 실정이다. 이렇게 섭취하는 식사량의 증가와 더불어 섭취하는 음식에 지방과 열량이 과도하게 포함됨으로써 비만증이 발생한다. 따라서 신체 발육 및 유지에 필요한 영양섭취는 충분히 하도록 하고, 내용 면에 있어서 비만 발생에 밀접한 포화지방산이 많이 포함되지 않도록 잘 통제해야 비만이 예방될 수 있다.

마지막으로, 섭취 열량이 충분히 소비되도록 신체활동을 지속적으로 해야 한다. 결국 비만의 예방에는 우선적으로 균형 있는 영양섭취와 규칙적인 식습관이 수행되어야 하며, 장기적으로는 규칙적인 운동을 실시함으로써 섭취된 열량을 적절히 소모시켜 여분의 열량이 과도하게 체내 지방으로 저장되는 것을 막도록 하는 것이 무엇보다도 중요하다.

2) 치료

비만증의 대표적인 치료에는 인체 내 섭취와 소비칼로리 양을 조절하는 방법으로 식이요법, 운동요법을 들 수 있고 일상생활 중의 바람직하지 못한 습관이나 행동을 조사하여 이를 잘 수정하도록 도움을 주는 방법으로 행동수정요법을 들 수 있다. 그리고 비만 증세가 심각하거나 혹은 이로 인해 합병증이 있을 경우에는 약물을 투여하는 약물요법이 있다.

(1) 비만과 식이요법

① 상식적 열량감소

식이요법은 운동요법, 행동수정요법 등과 더불어 비만증 치료에 기본이 되는 방법이다. 이것은 자기의 체중에 맞게 필요한 영양소를 공급받으면서 과잉의 칼로리 섭취가 되지 않도록 하는 것이 그 기본원리이다. 또 정상적인 식사에 있어서 이상적인 영양소 배분은 당질 50%, 단백질 15%, 지방질 35%이나 이들 영양소 중 특히 비만증에 영향을 주는 것은 바로 탄수화물과 지방이므로 이들의 섭취를 줄여야 한다.

② 각 개인의 섭취열량에서 1일 500cal 혹은 1,000cal 감소하는 방법

정상적인 1일 칼로리 섭취량은 성별, 연령, 신장, 활동량 등에 따라 다른데, 일반적으로 남자는 약 2,400~3,000kcal이며, 여자는 1,600~2,200kcal 정도이다. 식이요법으로 처음으로 감량식을 하게 되면 며칠간은 현저하게 체중이 감소하다가 차츰 체중의 변화가 없게 된다. 이 현상은 감량식을 하는 초기의 체중감소는 주로 몸속의 수분이 소실됨에 기인하기 때문이다.

③ 절식요법

수분, 비타민, 미네랄만 허용하고 있는 절식하는 방법이며, 저열량 식이요법 중 10일 내지 2주간 단식을 하거나 1주일간에 1일씩 단식시키는 방법을 취하고 있다.

1. 식사횟수를 하루에 3~4회로 나누어 소량씩 섭취하는 방법

   효과가 좋으나 장기간 실시할 경우 근육이 위축되는 등 전반적인 체력저하를 가져온다. 심지어는 기초대사과정에까지 이상이 나타날 가능성이 있으므로 유의해야 한다.

2. 단식요법

   체중은 감소하나 장기간 계속하면 때때로 심혈관, 간장 등에 합병증을 유발한다.

3. 식생활 패턴의 변화

   · 섬유소가 풍부한 채소류를 섭취한다.
   · 소량을 규칙적으로 먹도록 한다.
   · 음식을 천천히 먹도록 한다.
   · 술은 마시지 않는다.
   · 칼로리만 있고 영양소의 균형이 없는 인스턴트식품, 고지방 식품을 가급적 피한다(피자, 햄버거, 치킨, 감자튀김 등).
   · 짠 음식은 피한다.
   · 아침에 일어나 식사하기 30분 전 물을 마시고, 식후 2시간 전후에 물을 마신다.
   · 취침 전에 음식물을 먹는 것은 금물이다.
   · 설탕과 기름을 적게 넣는 요리법을 사용한다.
   · 외식을 할 때에도 필요 이상의 소스나 드레싱의 사용은 금하고, 너무 단 후식보다는 과일을 택한다.

(2) 운동요법

① 운동과 체중감량

비만증은 음식물의 섭취량이 소모량보다 많게 되는 불균형상태로 인해 발생하기 때문에 이러한 여분의 칼로리를 운동으로 소비하는 것이 체중 조절에 매우 중요하며 비만치료에도 중요한 역할을 담당하게 된다. 앞서 말한 식이요법만으로 체중을 감소시키게 되면 지방의 감소뿐만 아니라 체내의 근육량도 따라서 감소하게 된다. 그러나 이때 운동요법을 병행하게 되면 근육량은 유지되면서 지방량만이 감소되기 때문에 체중감소로 인해 나타나는 운동능력 저하 현상을 예방할 수 있다. 비만치료를 위한 체중조절 프로그램에 운동을 포함시키면 식욕조절, 열량 소모량 증가, 산소운반능력 증가 등의 효과를 볼

수 있다. 또 저혈증을 일으키는 호르몬을 감소시켜 동맥경화증의 예방에도 좋은 영향을 준다.

실제 운동요법을 실시할 때에는 유의해야 할 사항이 몇 가지 있는데, 그것은 바로 각자의 취미에 따라 하루에 30분에서 1시간 정도 하되, 자신의 신체 조건에 맞추어서 장기간에 걸쳐 지속적으로 시행하는 습관을 갖도록 하여야 하며, 단 짧은 기간에 체중을 감량하는 시도는 절대로 하지 않도록 한다. 반드시 운동처방 전문가와 상의하여 운동량을 결정하는 것이 가장 바람직하다. 앞에서도 언급했듯이 비만 치료를 위한 운동요법의 실시는 단시간에 피로해지는 운동보다도 장시간 계속할 수 있는 비교적 가벼운 운동이 좋다. 또한 일상생활 중에 걷는 시간을 될 수 있는 한 많이 늘림으로써 상당히 많은 에너지를 소비할 수 있다.

이를 통해 우리는 강한 운동보다는 가벼운 운동이 더 많은 열량을 소비한다고 볼 수 있으며, 일단 정상체중에 도달한 후에도 이를 유지하기 위해서 계속적인 식사 조절과 적절한 운동을 하여야 한다. 또한 1주일에 1~2회 체중을 측정하여 체중의 변동에 따라 식사량과 운동량을 조절하는 습관을 갖도록 하는 것이 중요하다.

- ㉠ **칼로리 섭취에 운동이 미치는 영향:** 지속적인 에너지 소비의 증가는 칼로리 섭취를 증가시키는 것으로 나타났다.
- ㉡ **운동이 에너지 소비에 미치는 영향:** 에너지 소비는 안정 시 대사 에너지양과 식품의 발열효과, 운동의 발열효과 및 날씨 등의 환경 변화에 따라 구분될 수 있다.
- ㉢ **운동이 체조직 구성에 미치는 영향:** 체지방의 양은 체중이나 체중지수와는 별 상관이 없으며 체지방의 측정을 위해서는 수중

체중이나 피부두께를 측정하여 체지방률을 계산하는 방법을 사용한다.

(3) 행동수정요법

행동수정은 최근에 많은 관심을 끌고 있는 치료법이다. 이것은 비만한 사람의 식습관과 운동상태 등을 조사하여 바람직하지 못한 행동을 확인하고 이를 통제하여 수정하도록 도움을 줌으로써 비만을 치료하는 방법이다. 이 비만치료를 위해 기존의 잘못된 식사 및 운동습관을 변화시키는 행동치료는 크게 다음의 세 단계로 나누어진다.

① 1단계: 불량한 섭취습관을 초래하는 요인을 찾아내기 위해 비만인이 먹는 음식의 종류, 양, 장소, 시간, 자세, 감정 상태 등에 대한 일지를 계속 적게 하는 자기 감독 단계이다.
② 2단계: 과식을 피하기 위한 자극 조절 단계이다.
③ 3단계: 비만인이 바람직한 행동을 한 경우 보상을 주는 것이다. 특히 이 경우에는 가족들의 격려가 큰 힘이 된다.

(4) 약물요법

식욕억제제는 대뇌 시상하부의 포만 중추를 자극하여 식욕저하 효과가 있게 하는 원리이다. 그런데 이들 약품에 의한 식욕저하 효과는 일시적이며 약효과가 지속되는 경우는 드물고 복용 후 단지 네 시간 가량만 지속될 뿐이다. 보통 식욕억제제는 마약과 같은 작용을 하기 때문에 장기간 과량 복용하게 되면 불면증, 식욕상실, 환각, 주의력 상실, 감정 혼란 등의 부작용이 생기게 되므로 사용 시에는 매우 신중을 기해야 할 것이다.

6. 운동 프로그램

1) 운동 프로그램 설정과정

운동을 통하여 체중을 감량하려면 먼저 자신의 체중이 어느 정도 과체중인지 알아야 한다. 즉 비만의 정도를 알아야 한다. 체지방의 정도를 표준체중에 비하여 산출하여 체중감량의 정도를 계획한 후에는 운동종목을 선정하여야 한다. 운동종목은 그 형태에 따라 에너지의 소모량이 다르기 때문에 주위 환경을 고려하여 선정한다.

2) 체지방 진단 및 판정의 실제

체중이 과체중인지 아니면 비만인지를 진단하고 판정하는 것은 앞서 기술하였듯이 표준체중 조견표, 표준체중 간이계산법, 체질량 지수 산출법 등에 의해 손쉽게 산출할 수 있다. 이와 같은 방법은 비만의 정도를 간편하게 판정할 수 있으나, 실제 체지방의 정도를 알아보는 데는 그리 충분치 않기 때문에 정확한 체지방량을 알아보기 위해서는 피부두겹법으로 %체지방량을 산출해야 한다.

3) 운동 프로그램의 작성

표준체중이 산출되고 나면 선택할 운동종목에 따라 소비되는 열량을 참조하여 구체적인 체중감량 계획을 작성한다. 운동종목에 따라 표시된 kcal/kg/min라는 단위는 체중 1kg인 사람이 1분에 소비되는 에너지량을 뜻한다. 아래의 표에 나타난 바와 같이 배드민턴의 에너지 소비량은 0.097이므로 체중 70kg인 사람이 10분 배드민턴 운동을 할 경우 에너지 소비량은 67.9kcal이 된다(0.097 * 70kg * 10분=67.9kcal/kg/min). 체지방 1kg을 줄이려면 7,700kcal가 필요하므로 다음과 같이 운동계획을 작성한다.

앞에서 체중 80kg인 사람의 표준체중은 64kg 정도이었으므로 이 사람의 과체중은 16kg이다. 이 과체중을 운동을 통해 감량시키고자 할 경우 다음과 같이 에너지 소비량을 계산하여 그 운동지속 기간을 정할 수 있다.

· 운동종목: 달리기(1km를 7분 10초에 달릴 때)
· 1일 운동량: 60분
· 주당 운동횟수: 5일
　→ 에너지 소비량: 0.135(kcal/kg/min)
　→ 지방 1kg 감량 에너지: 7,700kcal
∴ 0.135 * 60분 * 5일 * 4주 * 80kg=12.960kcal
∴ 12.960kcal/7,700kcal=1.68 ≒ 1.7kg

따라서 1개월 운동을 할 때 감량 가능한 체지방량은 약 1.7kg 정도이다. 만약 과체중 16kg을 줄이려면 약 9개월 동안 지속적으로 운동을 해야 한다는 결론이 나온다.

4) 체중조절을 위한 운동 프로그램

체중조절 운동 프로그램을 체지방 감량 목표에 따라 1일 운동시간, 주당 운동횟수, 운동종목 등을 변형시킴으로써 다양하게 제시될 수 있다. 이 운동 프로그램은 체중의 감소뿐 아니라, 생활의 활력을 주는 스트레스 해소 및 심폐지구력의 증가를 가져오기 때문에 일거양득의 효과가 있다고 할 수 있다.

Part 07
흡연과 건강

7. 흡연과 건강

중점학습내용	1. 담배의 유해성분 2. 담배의 병리
Key word	흡연, 유해성분, 질병

흡연은 심혈관계, 호흡기계, 심장계 질병을 일으키는 위험인자이다. 담배는 인체에 가장 나쁜 영향을 미치는 것으로 담배 연기에 포함되어 있는 니코틴, 타르, 일산화탄소 등은 호흡기계와 소화기계의 기능을 저하시킬 뿐만 아니라 두통, 현기증 등의 가벼운 증상은 물론 협심증, 폐암 등의 질병을 유발시키기도 한다.

1. 담배의 유해성분

담배연기 중 90%는 가스이고 나머지는 미립자이다. 그중 90% 이상이 유독물질로 폐에 접착되어 세포를 파괴시킨다. 유독성가스와 미립자는 200~300여 종인데 그중 인체에 가장 유해한 물질은 니코틴, 일산화탄소, 타르이다.

1) 니코틴

니코틴은 무색이며 유성인 독물이다.

2) 일산화탄소

일산화탄소는 담배연기 속에 0.5~1.0% 정도 들어 있으며, 담배 한 갑을 피우면 약 2mg 정도의 일산화탄소를 흡입하게 된다.

3) 타르

타르는 담배의 맛과 향기를 결정하는 데 중요한 역할을 한다. 따라서 흡연 욕을 충동하는 데 중요한 역할을 한다. 타르의 함량이 많은 담배를 피웠던 사람은 니코틴의 양에 관계없이 많은 양의 담배를 피우게 된다.

2. 질병에 끼치는 영향

1) 폐암

최근에 세계적으로 폐암으로 인한 사망률이 증가하고 있다. 폐암 환자의 90%가 흡연자라는 사실로 보아 협연이 폐암 발생의 원인이 된다는 것을 알 수 있다. 물론 흡연이 폐암의 주원인이라고 하지만 담배를 전혀 피우지 않는 사람에게는 가끔씩 폐암이 발견된다.

폐암은 담배를 많이 피우는 사람에게 잘 발생하고, 담배를 끊으면 폐암으로 사망하는 비율이 급격하게 감소하는 것을 알 수 있다. 담배를 하루 반 갑씩 피우는 사람은 폐암의 발생률이 2배, 하루 한 갑의 흡연자는 비흡연자에 비해 10배, 하루 2갑 이상 20년간 피운 사람은 비흡연자보다 폐암 발생률이 60~70배나 된다는 통계도 있다.

2) 호흡기에 미치는 영향

흡연은 호흡기능에 관계된다. 흡연은 만성 기관지염의 원인이 되며 모든 만성 기관지, 폐질환의 4분의 3은 흡연에 의해 발병된다. 담배연기의 유독성 물질들이 기관지 점막에 자극을 주어 염증이 생기거나 혹은 오랫동안 존재하는 상태로 담배는 만성기관지염을 유발시키며 조기 사망의 위험성이 있다.

3) 심장과 고혈압에 미치는 영향

진한 담배 연기는 폐포를 침해하는 동시에 산소 공급을 위해 혈액을 운반하는 동맥에 장해를 준다. 동맥벽은 조직이 연해서 그곳에 침착이 일어나 동맥내경이 좁아져서 혈액이 흐르기 곤란하고 심지어는 동맥이 아주 막혀 버리는 경우도 있다. 동맥혈관이 좁아지는 혈관 수축 시에 담배를 피우게 되면 허혈성 심질환(산소부족)과 관상조직의 손상을 입는 원인이 된다.

4) 저산소증

담배에 있는 일산화탄소는 적혈구 내의 헤모글로빈과 결합하는 능력이 강하여 산소를 박탈하므로 조직에 산소 결핍증이 생긴다. 흡연자는 적혈구 내의 산소를 12% 정도 일산화탄소에 의해 박탈당해 심장, 뇌 등의 기관에 그만큼 산소 결핍증을 갖게 된다.

5) 폐기종

폐기종이란 얇은 벽으로 구성되어 있는 기포를 분리시켜 주는 얼마의 벽들이 파괴되어 정상적인 공기보다 훨씬 큰 공기를 형성하게되는 폐질환이다.

6) 위십이지장궤양

하루에 담배를 3대만 피워도 혈액 순환이 60% 감소되므로 담배의 니코틴은 위장에의 혈액 순환을 감소시켜 위-십이지장 궤양의 발생률이 높아진다.

7) 구강암 및 방광암

흡연은 구강에 연결되어 있는 세포들을 손상시키므로 흡연자는 구강암이 많이 발생한다.

3. 담배의 병리

1) 흡연과 임신

한국의 여성흡연율이 증가추세로 나타나는 것은 안타까운 일이 아닐 수 없다. 여성의 흡연은 니코틴이 혈관을 수축시켜 혈액순환와 혈관 내 산소공급에 지장을 주며 피부의 주름 및 조기 노화를 촉진시킨다.

그리고 흡연자는 임신이 안 될 가능성이 높고 폐경기가 빨리 오기도 한다. 또한 담배는 비타민C 등 중요한 요소를 파괴하여 신진대사에 악영향을 준다.

2) 흡연과 성기능 장애

흡연으로 인한 동맥경화는 뇌 속의 혈류량이 적어져 성을 자극하는 중추신경의 활동이 나빠지면서 성기혈관도 축소되어 자연히 혈류량이 감소되면서 성기불능상태가 된다. 담배 속의 니코틴은 자율신경을 마비시켜 성욕을 감퇴시키고 정액의 사정량을 감소시킬 뿐만 아니라 여성의 배란을 억제하며 불임을 촉진시킨다. 타르는 생식신경과 고환에 영향을 미쳐 정자생산 능력을 떨어뜨리는 작용을 하는 것으로 밝혀지고 있다.

3) 흡연의 원인

많은 심리적·사회적 요인들이 흡연과 관련이 있다. 담배를 피우기 시작하는 동기는 대체로 욕구불만이나 호기심, 모방심, 반항심, 모험심 등의 발로이다. 즉 담배를 피우게 되는 원인은 청소년들이 어른들이나 자기보다 좀 더 나이 많은 사람들이 담배 피우는 것을 모방함으로써 흡연을 배우게 된다.

신체적 발육이 왕성하고 정서적으로 안정되지 못한 청소년기의 흡연은 신체 및 정신건강에 나쁜 영향을 줌으로써 청소년 문제가 되어 사회적 병폐로 나타나게 된다.

4. 여성과 흡연

1) 여성의 흡연, 남성과는 다른 건강상의 문제 제기

① 여성의 임신과 출산, 그리고 출산 후 자녀 발육에 큰 영향

임신부가 흡연하는 경우 태아에게 치명적인 영향을 끼칠 수 있다. 흡연하는 여성에게서 유산 확률이 비흡연자에 비해 1.7배 높게 나타났으며 주산기 사망은 2.16배 높게 나타났다. 흡연하는 산모는 저체중아를 출산하는 경우가 많으며 양수 속에서 발암물질이 검출되기도 한다. 임신모가 흡연을 하는 경우 태아의 폐도 직접 피해를 입을 수 있다는 연구결과도 있다. 태아의 발육부진을 일으킨다.

흡연하는 임신부가 비록 정상아를 낳는다고 하더라도 아이가 성장하는 과정에서 지능의 저하, 사회적응 능력의 부족 또는 폭력적이 되거나 문제아가 될 가능성이 대단히 높다는 연구 결과도 많이 발표되고 있다.

② 여성 흡연, 남성보다 큰 피해

같은 양의 흡연을 해도 여성은 남성에 비해 건강의 피해 정도가 더 심하다는 연구 결과들이 많이 보고되었다. 여성은 남성에 비해 폐암에 걸릴 확률이 2.3배 높고, 여성이 흡연하는 경우 남성에게서는 발생하지 않는 유방암과 자궁경부암의 발생위험을 높인다는 사실이 많이 알려져 있다.

2) 여성 문제로의 흡연과 그 대책

1995년 UN의 주도하에 구성된 여성건강증진을 위한 지구촌 연대 (Global Alliance For Women's Health Achievements)에서 1999년 3월에 열린 제43차 회의에서 '담배와 여성건강'을 주제로 회의를 가진 바 있으며, INWAT(The International Network of Women Against Tobacco: 국제 금연 여성 망)를 구성해 각 국가에서 흡연을 여성 문제로 다룰 것을 결의하였다.

(1) 임산부와 태아에 미치는 영향
니코틴은 모체의 혈관을 강력하게 수축시킨다. 이에 따라 태아로 이행되는 산소 및 영양공급에 장애가 생긴다. 담배 연기 속의 일산화 탄소는 산소가 말초조직까지 운반되는 것을 방해하고 말초조직으로 운반된 산소라도 조직에서 이용되는 것을 방해한다.

(2) 수유기와 흡연
모유 속의 담배성분은 그대로 아기에게 전해져 나쁜 영향을 주게 된다. 하루 6~8개의 담배를 피우는 수유부의 모유 흡연 여성이 모유 수유를 할 경우 4온스에는 한 마리의 개구리를 죽일 수 있는 양의 니코틴이 들어 있다고 한다.

(3) 생식기계
여성의 흡연은 난소의 기능을 약화시켜 임신 불능의 가능성이 커지며 폐경기가 빨리 온다. 생식기계의 암 발생률도 높아진다.

(4) 기타

흡연을 많이 하는 여성일수록 눈의 흰자위가 탁해지고 입술색이
검으며 피부와 머리카락에 탄력이 없다. 흡연으로 인한 비타민C 소모
로 비타민C의 부족현상을 일으키며 비타민B12가 담배에 함유된 독
소의 해독으로 사용되어 적혈구를 만드는 힘이 미치지 못해 악성 빈
혈을 일으킨다.

피임약을 복용하고 흡연할 경우 심근경색, 혈전증을 발생시킬 확
률이 높아지며 심장마비를 일으킬 확률은 비흡연자에 비해 최고 20
배까지 높아진다. 또한 유방암에 걸릴 확률도 높아진다.

체중조절을 목적으로 흡연하는 많은 여성들을 볼 수 있다. 이는 니
코틴에 의해 체내에 분비된 아드레날린이 혈당량을 증가시켜 만복감
을 느끼게 함으로써 식욕이 줄어드는 현상 때문이다. 그러나 이러한
방법은 영양실조를 일으킬 수 있으므로 바람직한 방법이 아니다. 폐
경기 이후의 흡연은 여성이 골다공증에 걸릴 위험을 크게 한다.

5. 흡연에 대한 대책

(1) 담배를 가급적 적게 피우도록 한다.

(2) 최저 니코틴 함량의 담배를 피운다.

(3) 연기를 깊이 들여 마시지 않는다.

(4) 가능한 한 스트레스를 피하고 긍정적인 자세를 유지한다.

(5) 담뱃불을 붙인 채 입에 물고 있거나 담배를 빨지 않고 불을 붙
인 채 놓아두지 않는다.

(6) 수분을 많이 마신다.

(7) 커피나 술을 동시에 마시는 것을 삼간다.

(8) 충분히 수면을 취하고 기상 후 바로 양치질을 한다.

(9) 과식과 기름진 음식이나 자극적인 음식을 피한다.

(10) 식사 후에 흡연한다.

※ 금연구역을 위반한 자에 대한 처벌
  ㅇ. 금연구역 지정의무가 있는 위 해당 시설의 소유자, 점유자, 관리자가 국민건강증진법 제9조 제4항의 규정에 위반하여 공중이 이용하는 시설에 금연구역을 지정하지 아니한 자는 100만 원 이하의 과태료에 처한다.
    −과태료부과권자: 시장, 군수, 구청장(보건소에 위임)
  ㅇ. 금연구역을 위반하여 흡연한 자
    −경범죄처벌법 제1조 제54호(금연장소에서의 흡연) 담배를 피우지 못하도록 표시된 곳에서 담배를 피운 사람은 10만 원 이하 벌금, 구류 또는 과료의 형으로 벌한다. 범칙금 부과−경찰서장의 범칙금납부 통고처분 통고처분불이행자−즉결심판에 회부

※ 범칙금의 구분
  −3만 원 범칙금 대상: 담배를 피우지 못하도록 표시된 지하철 역구내, 버스, 기차, 전동차, 항공기, 선박 등 대중교통수단, 병원 등 의료시설, 석유, 가스, 화약류 등 위험물 저장, 판매시설 또는 승강기에서 담배를 피운 사람
  −2만 원 범칙금 대상: 담배를 피우지 못하도록 표시된 역 대합실, 버스터미널, 실내체육관 또는 그 밖의 장소에서 담배를 피운 사람

---

6. 담배의 중독성 물질

1988년 미국의 대통령 보건 자문기관인 보건총감(Surgeon General)은 20세기 초부터 시작된 담배의 중독성에 관한 연구를 조합하여 담배가 중독성이 있고 담배의 니코틴(nicotine)이 중독을 일으키는 약물이며, 헤로인이나 코카인 같은 마약의 중독과 유사하다고 보고하였다.

니코틴은 화학적으로 pH 8.0인 약염기이고, 수용성이면서 지용성이다. 니코틴은 신체 어느 곳을 통해서나 즉시 흡수된다. 담배를 피우면 7초만 지나면 니코틴이 뇌에 도달하는데 이런 빠른 작용 발현이

흡연 행동을 긍정적으로 강화시키며, 운반되는 니코틴의 양과 운반속도가 남용의 가능성을 결정하는 중요인자이다.

7. 담배의 중독현상

중독(addiction)이란 약물복용행위를 통제할 수 없는 상태를 말하며 다른 말로는 약물의존성(drug dependence)이라고 한다. 흡연은 정신적·육체적으로 의존이 생기게 하는데 이는 담배 속에 들어 있는 니코틴 성분에 의해 생긴다. 니코틴의 반복적인 노출은 다른 정신활성화 물질들처럼 신경계의 적응을 일으켜 니코틴에 대한 내성(tolerance), 감작(sensitization), 금단(withdrawal) 증상을 일으킨다.

8. 한국인 주요 사망 원인

통계청의 보고에 의하면 1998년 한국인의 5대 사망 원인 중 남녀 공히 1위는 뇌혈관 질환이고 2위는 심장질환이다. 뇌혈관 질환과 심장질환으로 사망하는 수를 합하면 약 5만 2천여 명이 되며 1998년 전체 사망 수 23만여 명의 22.7%에 해당하는 수이다. 이 두 질환 모두 흡연이 주요 발생 원인이라는 점에서 간과할 수 없는 일이다.

9. 간접흡연이 건강에 미치는 영향

1) 간접흡연의 정의

간접흡연이란 직접 담배를 피우지 않는 사람이 간접적으로 남이 피우는 담배연기를 마시게 되는 상태를 말하며 본인 의사에 의해서가 아니라 남의 흡연행동에 의해서 담배 연기를 마시게 된다는 뜻에서 이를 수동적 흡연이라고 부르기도 한다. 미국의 간접흡연에 관한 공식보고서는 다음과 같은 3가지 결론을 내리고 있다.

간접흡연은 비흡연자들에게도 폐암을 비롯한 여러 가지 질병의 원인이 된다. 흡연자들 가정의 아이들에게 상기도 감염이나 증상의 빈도가 증가하는 동시에 이들의 폐 기능 증가속도가 더디다. 단지 비흡연자를 흡연자들로부터 분리시키는 일만으로는 비흡연자들이 간접흡연의 위험에서 아주 해방되는 것이 아니다.

10. 금연의 효과와 방법

1) 청소년을 위한 금연 프로그램의 종류 및 효과

우리나라 청소년 금연 프로그램은 교화대상자 중심으로 심리교육, 행동주의 교육, 인지행동주의 교육 3가지로 분류하여 살펴볼 수 있다.

첫째, 심리교육은 금연교육에 대한 인식과 동기를 증진시키는 기본적인 방법이며 다른 금연 프로그램에서 기본과정이나 일부로 사용된다. 그러나 단순한 흡연 관련 상호 토론이 금연을 위해 결정적인 역할을 한다고 보기는 어렵다.

둘째, 행동주의 교육은 이상행동을 억제하거나 소거시키기 위한 교육방법이며, 국내의 선행연구를 살펴보면 순수한 행동주의적 금연 프로그램이 몇몇의 연구에 불과하다고 한다. 선행연구가 일개에 불과하므로 더 많은 연구가 필요하다고 하였다.

셋째, 인지행동 교육은 1990년대 들어와 물질사용이나 남용의 치료를 위해서도 사용하게 되었다. 인지행동기법은 물질남용에 반복되는 재발과 치료 과정을 잘 설명한다고 하였으며 흡연재발방지 모델로 매우 강력한 효과가 있다고 보고한 바 있다. 또한 청소년을 대상으로 실시한 금연 프로그램 중 금연 효과가 컸던 프로그램의 공통점은 인지행동 접근 프로그램이라고 하였다.

2) 금연성공 및 실패 요인

금연클리닉 이용자의 금연성공 요인분석 논문의 논의에 따르면 대상자가 인식하는 금연 기여요인은 정기적이고 지속적인 보건소의 관리, 자신의 금연 의지, 보건소에서 지급한 금연 보조제, 가족의 도움과 지지, 직장이나 사회적인 금연분위기, 건강상의 문제 순으로 나타났다. 보건소 금연클리닉의 상담과 관리가 가장 큰 금연성공 기여 요인으로 나타난바 지속적인 금연상담사를 통한 관리와 서비스 제공, 금연상담사와의 긍정적인 관계(Raporrt) 형성이 무엇보다 중요하다.

대상자가 인식하는 금연 실패 사유는 스트레스가 가장 높았고 그 다음은 의지가 약해서, 주위의 흡연유혹, 금단증상, 체중증가 등의 순으로 나타났다. 금연에 성공하기 위해서는 본인의 금연의지 강화 및 금연에 대한 긍정적이고 확고한 신념 등을 심어 주는 것이 중요하다.

Part 08
음주와 건강

올바른 생활양식이 건강에 유익하다는 사실은 누구나 공감하지만 아직도 우리 주변에는 건강에 해를 끼치는 습관과 행동들이 산재되어 있다. 그중에서도 가장 대표적인 것이 지나친 음주이다. 술은 적당히 마시면 약이 될 수도 있고, 안정제 역할과 혈압을 내려 주는 효과가 있으며, 또한 식욕과 위액분비의 효능이 있다. 그리고 자리나 분위기에 따라 술을 적당히 마시면 사회원들과의 인간관계를 원활히 하는 촉매의 역할을 하기도 한다. 그러나 정도를 넘어서 술을 마시거나 자제를 못 하면 여러 가지 질병을 일으키며 심지어는 사망에까지 이르게 되는 것은 물론이고, 여러 가지 사회문제를 일으켜 대인관계나 가정생활을 엉망으로 만들게 된다.

1. 알코올의 특성

알코올은 크게 에틸알코올과 메틸알코올 두 종류로 나눌 수 있다. 에틸알코올은 무색의 투명한 휘발성 액체로서 우리 몸에서 가장 예민한 세포들로 구성된 뇌와 척추의 중추신경계에 악영향을 마치며

에틸알코올은 중추신경계의 기능을 억제하며 이성적인 판단과 공간적인 지각판단, 신체의 이동 등과 같은 뇌의 기능을 떨어뜨리게 하는 화학적 특성을 가지고 있다.

알코올은 주로 신체적·정신적인 면에서 인간생활에 약간의 도움은 주지만 알코올의 독성은 신체적인 피해로부터 정신적인 파괴에 이르기까지 폭넓고 다양하게 작용한다.

2. 술의 효능

1) 술의 생리적 효능

알코올은 중추신경을 억제하는 역할을 함으로써 이성적인 판단과 공간적인 지각 판단, 신체의 이동과 같은 뇌의 기능을 떨어뜨리게 한다. 그리고 심하게 알코올을 섭취하게 되면 경련, 기억상실, 무의식, 구토, 구역질, 탈수현상, 식욕감퇴, 변비, 호흡곤란, 충혈된 눈, 뇌세포의 파괴 또는 손상, 신경의 손상, 영양부족, 전율, 정신착란, 불안, 수면곤란, 건망증, 췌장염, 위염, 간경변, 심장병, 식도암, 간암, 위암 또는 죽음까지 몰고 간다.

술을 마시면 체내에 들어간 알코올탈수효소에 의해 아세트알데히드라는 물질로 변하고 이것이 다시 알코올분해효소의 작용으로 초산이 되었다가 최종적으로 물과 탄산가스로 분해된다.

알코올은 위, 작은창자에서 흡수되어 혈액으로 들어가 간, 심장을 거쳐 전신에 흡수된다. 이때 알코올의 약 20%는 위에서 흡수되고 나머지 80%는 혈액을 따라 뇌와 장기에 퍼져 흡수된다. 흡수된 알코올은 특히 신경계통에 강하게 작용한다. 일단 혈액 내에 흡수된 술은 체액 속에서 분해되며 산화되거나 파괴되어 배설되는데 섭취한 총 술의 10%는 신장과 폐에서 변화되지 않은 채로 배설되며 나머지는 산화된다. 이때 위 속에 음식물이 없으면 알코올의 흡수도 늦어지고 오래 위에 남는다.

2) 술의 영양학적 효능

술을 영양학적으로 보면 알코올은 위나 장에서 흡수되어 체내에서 연소하는 칼로리원이 된다.

알코올은 1g당 청주 1홉 위스키 1잔의 칼로리는 180kcal로 대충 쌀밥 1공기의 칼로리와 비슷하므로 술을 너무 많이 마시면 살이 찌게 된다. 또한 적당한 술을 마시면 위산 분비를 증가시키고 위의 운동을 촉진시키기 때문에 식전에 마신 술은 의욕을 돋울 수 있고 식후로 마실 때는 일종의 소화제가 될 수 있다.

3) 술의 사회적 효능

현대 사회에서 음주는 여러 가지 문제를 야기한다. 이러한 문제로는 교통사고 범죄, 자살 등을 들 수 있다. 음주를 하게 되면 일반적으로 판단력에 문제가 생긴다. 이러한 판단력의 장애, 반응시간의 지연, 반응의 부적합으로 인해 차량사고의 위험이 많이 발생하고 있다. 실제로 음주 운전 중 사고로 사망한 자의 대부분은 혈중 알코올농도가 0.1% 이상으로 나타나 있다.

3. 혈액 내의 알코올농도

혈액 내의 알코올농도에 따라 신체의 기능이 좌우되지만 체질에 따라 다소 차이는 있다. 평생 소비한 알코올 양, 음주빈도, 알코올에 대한 내성 등에 따라 술의 양은 달라진다. 어떤 사람은 혈액의 알코올농도에 따라 사람의 행동이 달라진다.

혈중알코올농도가 0.01%일 때 머리가 맑은 것처럼 느껴지고 순간적으로 기분이 좋게 느껴지며 진정이 된다. 0.02%일 때 기분이 좋아지고 말이 뜻한 대로 잘 나온다. 얼굴이 붉게 상기되고 맥박의 진동이 빠르고, 약간 어질어질한 듯하게 느껴진다.

0.03%일 때 세상의 일이 자기 손안에 있는 것처럼 느껴지며 근심과 걱정이 사라진다. 이런 상태는 술의 진정작용이 판단과 기억을 무디게 하기 때문이다.

혈중알코올농도가 0.05%가 되면 큰소리로 떠들게 되고 신체의 상태가 균형을 잃게 되며, 일반적으로 반응시간이 지연된다. 이 상태를 법적으로 술 취한 상태라 하여 운전 시 음주측정에서 걸리게 된다.

0.1%일 때는 신체조절이 어려워 갈지자로 걷고, 혼자서 중얼거리기도 하고, 졸기도 한다.

0.2%일 때는 혼자 걷기가 어려워 부축을 해야 하며 감각이 둔화되고 판단력의 장애가 오며 화를 쉽게 낸다.

0.3%가 되면 혼수상태에 빠져 얼굴이 창백해지고, 자기에게 무슨 말을 하는지도 모르고, 수면에 빠지고 토하기도 한다.

0.4%가 되면 감각마비와 호흡마비가 오기도 하며 환각상태에 빠져 의식이 전혀 없어 사망하기까지도 한다.

BAC	생리적 변화
0.05%	긴장된 감정의 표출, 판단, 비평적 사고기능 다소 손상
0.1%	운동통합력 상실, 수의적 운동기능 다소 둔화
0.2%	시끄럽고 거칠며 비틀거린다(주정꾼의 특징 나타남).
0.3%	우울, 바보스러운 행동을 야기한다. 외부자극을 완전히 이해할 수 없을 만큼 혼란스러워진다.
0.4~0.5%	무의식 유발, 체온, 심장박동, 호흡조절의 뇌중추기능 마비(생존가능성 희박)

4. 알코올중독

알코올중독이란 전통적인 음주 습관의 범위를 넘어 음주하는 것을 말한다. 전날 밤 술에 많이 취해 고생을 해서 다시는 술을 마시지 않겠다고 해도 또다시 술을 마시고, 주벽이 심해서 심신을 취하게 하고 음주한 다음 날 계속적인 지각이나 결근을 하거나 혹은 아주 중요한 약속을 잊어버려 사회생활에서 신용을 잃게 되면 완전한 알코올중독자라고 할 수 있다.

술을 습관적으로 계속 마시게 되면 신체적·정신적·사회적 기능을 잘할 수 없으며 알코올 없이는 지낼 수 없는 상태가 된다. 알코올중독이 되면 손이 떨리고 정신력이 둔화되며, 정신분열, 간질 등의 정신 장애를 일으키기도 하며, 또한 의욕을 잃게 되고 도덕성을 상실하는 등 육체적·정신적으로 폐인이 된다.

5. 술로 인한 질병

1) 위장질환

습관적으로 계속되는 음주는 위에 손상을 준다. 알코올은 식도 자체의 운동을 억제할 뿐 아니라 식도와 위 사이를 막고 있는 괄약근을 약화시킨다. 그로 인하여 위산이 식도록 역류하게 되어 식도에 염증을 초래하게 된다. 그렇지만 무엇보다도 쉽게 일어나는 손상은 위의 손상이라고 할 수 있다. 정상적인 위는 위산이 소화액으로 분비된다.

술을 마시거나 알코올이 제일 먼저 위로 들어가기 때문에 갑자기 과음을 하거나 계속 술을 마시면 위장 장애를 가져오게 된다. 위장병은 술을 많이 마셨을 때 흔히 일어나는 가장 흔한 병이다. 그중에서 알코올성 위염이 가장 많다. 아침에 일어나면 속이 쓰리거나 구역질이 나고, 헛배가 부르고 트림이 생기는 증상이 있다.

2) 간질환

간은 알코올을 분해하여 해독하는 능력을 가지고 있다. 간은 알코올이 우리 몸에 있는 한 다른 일은 중단하고 우선 알코올 분해만을 계속하게 된다. 간이 한 시간에 분해할 수 있는 알코올의 양은 평균 5~8g이다. 이 한도를 넘으면 알코올이 몸 안에 자꾸 쌓여 미처 처리되지 못한 알코올은 과산화물을 생성시켜 간을 손상시킨다. 매일 많은 양의 술을 마시는 사람은 전날 마신 알코올을 처리해야 하므로 간장은 쉴 새 없이 일을 하고 손상을 입게 된다. 손상을 입은 간은 지방대사를 위한 담즙 분비나, 해독작용, 영양소 저장 등의 기능이 저하된다.

지방간은 알코올성 간 질환 중 가장 가벼운 증상으로서 매일 20~40mL 정도의 알코올을 수일간 마시기만 해도 지방간의 증상이 나타날 수 있다. 만성적으로 술을 계속 마시는 경우에 자신의 몸이 이상을 느끼지 않더라도 과반수는 지방간이라는 통계가 있다. 알코올이 아세트알데히드가 되거나 초산이 되는 과정에서 알코올의 산화처리에 필수적인 소위 윤활유 도는 반응촉진제인 조효소 NAD가 다량으로 필요하다.

알코올성 간염이 악화되면 간 경화증이 온다. 이 병은 부드럽고 비대한 지방간의 간장과는 달리 간이 딱딱하게 굳어 간 기능을 돌이킬 수 없게 하는 병이다. 일단 이 병에 걸리면 반수 이상의 사람이 5년 이내에 생명을 잃는다. 그리고 술을 마시면서 영양소섭취를 제대로 하지 않고 과로하는 사람에게서 자주 발생하는 간암은 간 경화증보다 치료가 힘든 병이다.

3) 췌장염, 위염과 당뇨병

췌장은 음식물을 소화하는 데 필요한 효소를 생산하는 공장이다. 췌장에서 만들어진 효소들은 췌장 내에 저장되어 있다가 음식물이 들어오면 활성화되어 십이지장으로 분비된다. 많은 양의 알코올을 갑자기 마시거나 장기간 습관적으로 과음을 하게 되면 췌장의 분비 기능을 쓸데없이 자극하는 결과를 가져온다.

술을 많이 마시면 급성 또는 만성 위염이나, 급성췌장염, 췌장암 등을 유발한다. 췌장은 단백질이나 지방을 소화하고 혈당을 조절하는 인슐린을 생산하는 중요한 장기이다. 췌장염에는 격렬한 복통, 발열,

구토를 일으키는 급성췌장염과 비교적 증상이 나타나지 않는 만성췌
장염이 있다.

만성췌장염 진단을 받은 사람들의 50% 이상이 알코올 때문인 것으
로 나타났다. 또한 알코올농도가 30% 이상이 되는 독한 술은 위점막
을 자극하여 위염과 위궤양을 일으키기 쉽고, 알코올은 인슐린을 생
산하는 췌장을 직접 상하게 하므로 술을 많이 마시면 당뇨병에도 나
쁜 영양을 끼친다.

4) 심장질환 및 고혈압

술을 마시면 심장이 두근거리고 얼굴이 붉어지는데 이것으로 알코
올이 심장과 현관에 직접적인 영향을 끼치는 것을 알 수 있다. 술을
많이 그리고 급히 마시고 급성 심부전증으로 죽는 일이 많이 있다.
그리고 음주에 의한 알코올은 동맥경화증을 유발하기도 하고, 혈압을
높이기도 하고 때로는 내리기도 하기 때문에 특히 고혈압에 조심해
야 한다.

심장은 탄력이 붙은 것처럼 강하게 수축해야 하기 때문에 높은 혈
압에 의해서 심장이 울리게 된다. 술을 마시면 가슴이 두근두근하는
것은 이와 같은 상황 때문인 것이다.

습관적으로 계속되는 음주는 심근의 손상을 초래하여 심근의 힘을
떨어뜨릴 수 있기 때문에 펌프 기능을 충분히 수행할 수 없는 난치성
심부전증과 부정맥을 가져오기도 한다.

5) 당뇨병

알코올은 1g 섭취당 7kcal를 내는 고열량 식품으로서, 식욕 증진작용을 가지고 있어 과잉섭취 시 비만을 초래한다. 따라서 엄격한 식사요법과 그에 의한 표준 체중 유지가 치료의 근간이 되는 당뇨병 환자에게 있어서 과음은 혈당 조절을 어렵게 만들 수 있으며, 혈중 중성지방을 상승시키므로 당뇨병에 합병되는 고지방 혈중, 지방간, 만성 췌장염의 발병을 조장한다.

6) 암

우리 몸에 미네랄은 암과 밀접한 관계가 있다. 미네랄은 Se, Ca, Mb, Fe, I 등이다. 이러한 미네랄이나 비타민은 발암물질과 암발생인자의 접촉을 막아 주는 역할을 한다. 그러나 술을 많이 마시게 되면 알코올은 몸속의 미네랄을 몸 밖으로 배설시켜 버리기 때문에 암을 발생시킬 확률이 높아진다.

7) 성기능장애

알코올은 성기능에 심각한 장애를 가져온다. 남성호르몬의 분비도 줄어들어 불임의 여지도 있다. 따라서 습관적인 음주자들이 술자리에서 자신의 정력을 자랑하는 것은 위기의식에서 나온 허장성세라고 할 수 있다.

8) 산소결핍증

우리 몸은 뇌로 일정량의 혈류를 보내 뇌세포의 기능을 유지한다. 그러나 알코올은 혈류의 저항을 증가시키고 산소를 운반하는 적혈구 세포에 해를 주어 뇌에 산소결핍을 야기한다. 따라서 알코올은 뇌세포의 기능을 저하시키거나 파괴하여 일상생활에 큰 장애를 가져다준다.

6. 건전한 음주법

건전한 음주란 개개인의 요구와 주위환경에 의해서 이루어진다. 그러나 술을 마실 때는 항상 적당한 양을 지켜야 한다. 가능하다면 규정한 양보다 낮추어서 마시는 것이 건전한 음주법이다. 그러나 사회생활을 하다 보면 자기가 정한 음주량을 지키기가 쉽지가 않다. 사람과의 접촉이 많은 직장인들은 특히 더하다. 그러므로 간장에 부담이 적은 음주법을 연구하여 두는 것이 필요하다.

1) 술을 마실 때는 육류나 어류, 야채 등을 안주로 함께 먹는 게 좋다

포도주 이외의 술은 거의 산성이므로 알칼리성인 과일, 채소류를 먹는 것이 좋다. 특히 과일에 들어 있는 과장은 혈중 알코올농도를 떨어뜨리고 비타민 B1, B2, C 등은 숙취를 방지한다. 그리고 건장은 알코올을 분해하는 과정에서 다량의 단백질을 소모하기 때문에 안주로 간이나 생선회, 두부 같은 단백질을 섭취하는 게 좋다.

2) 술을 섞어 마시지 마라

소주를 마시고 나서 맥주를 입가심으로 찾는 사람들이 많다. 술을 섞어 마시게 되면 술이 금방 취하고 그 다음 날에도 잘 깨지 않는다.

3) 술을 마실 때는 물을 같이 마셔라

술을 마셨을 때 물은 위를 희석시키는 데 도움이 된다. 특히 위스키와 같은 독한 술은 얼음물로 희석해서 마시는 게 좋다. 소주라든가 위스키의 스트레이트 등은 알코올농도가 30%를 넘기 때문에 이러한 알코올은 식도를 거쳐서 위로 운반되므로 위점막은 고농도의 알코올에 직접 닿게 된다. 자극을 받은 위점막은 충혈이나 주름 등이 생겨나서 급성위점막경련을 일으켜서 피를 토할 수도 있다.

4) 계속적인 음주는 삼가야 한다

과음하였다고 생각되면 다음 날은 반드시 쉬어 간장을 보호하여야 한다. 적어도 2~3일은 쉬어 간장의 피로를 줄여 주어야 한다. 교제가 계속되는 경우라도 3일간 연속 음주는 안 된다. 인간도 간장도 모두 피로한 상태이기 때문에 무리한 음주가 3일간이나 계속되면 발병의 원인이 된다. 간에 쌓인 지방을 제거하거나 위점막의 상처를 회복하는 기간이 3일 정도 걸리므로 매일 과음을 하게 되면 일부 간조직이 지방간이 되어 알코올성 간염을 일으키게 되고 간경변증과 간암으로까지 발전하게 된다.

5) 술은 가능하면 천천히 조금씩 마셔라

과음과 폭음은 신체적·정신적으로 커다란 손상을 가져오며 다양한 병의 원인이 된다. 술을 빨리 마시면 혈액의 흡수속도가 증가하므로 술이 빨리 취하게 된다. 천천히 마심으로써 간장에 무리를 주지 않아서 좋다. 우리나라에서 흔히 볼 수 있는 폭탄주는 몸을 망치는 결과가 된다.

6) 술을 마시면서 동시에 흡연을 하지 않는다

니코틴은 알코올에 잘 용해된다. 그래서 술을 마실 때 담배를 피우면 술에 더 빨리 취하고 녹초가 된다. 니코틴 외에도 담배에 포함된 각종 유해물질과 발암물질은 알코올에 용해되어 알코올로 인해 저항력과 암 발생 억제력이 감소된 몸을 공격한다. 술을 마시면서 동시에 담배를 많이 피우는 사람은 구강암, 식도암, 후두암 등에 걸릴 위험성이 높다.

7) 술을 혼자서 먹지 않는다

혼자서 술을 마시면 속도도 빨라지고 양도 많이 마시게 된다. 기분이 나쁠 때 주로 혼자 마시게 되는데 이러한 상태에서 술을 마시면 그만큼 빨리 취하게 되며, 감정도 격앙되어 좋지 않은 결과를 유발하기도 한다.

8) 술은 남에게 억지로 권하지 않는다

술자리에서 다른 사람의 의견을 존중하고 술을 억지로 강요하지 말아야 한다. 사람마다 그날 컨디션과 상황, 주량 등이 다 같을 수 없기 때문이다. 지나친 강요는 결국 상대방의 생활리듬과 건강을 해소시키고 가정에 문제를 야기하는 등 해만 끼칠 따름이다.

9) 술에 강하다고 자랑하지 않는다

술은 마실수록 늘기는 하지만 알코올 저항력이 높아지는 것은 아니다. 술이 세다고 자랑하는 사람들 중에는 술에 강한 체질이 있긴 하지만, 엄청난 알코올에도 끄떡없는 슈퍼간은 없다.

10) 임신 중 술은 절대 금물이다

임신 중에 술을 마시면 자기 자신은 물론 태아에게까지 치명적인 피해를 입힌다. 혈중알코올은 태반을 통과하여 곧바로 태아에게로 가는데, 이때 태아의 혈중농도는 모체와 같다. 독성이 강한 아세트알데히드 등도 똑같이 태아에게 전달되므로 유산이나 노산의 위험도 많지만 태아의 발육장해, 지능장애, 안모이상, 언청이와 같은 기형아를 낳을 가능성이 높다.

11) 술은 절대로 약과 함께 마시지 않는다

약을 복용하는 동시에 술을 마시면 간은 약과 알코올 두 가지를 동시에 대사해야 한다. 그러나 간은 알코올과 약이 함께 들어오면 알코올을 우선적으로 분해한다. 결국 약의 분해가 늦어져 혈중에 오래 정체하기 때문에 약의 작용이 과하게 나타난다. 반드시 사고가 나는 것은 아니지만 간과 위 등에 무거운 부담을 주기 때문에 심각한 부작용이 생길 수 있는 음주 시의 약물복용은 절대 피해야 한다.

12) 술을 마신 후 과격한 운동은 하지 않는다

술을 마신 후 스키 등의 격렬한 스포츠를 하는 것은 위험하다. 술을 마신 후, 운동을 하면 반사신경과 판단력이 둔해져서 부상을 입거나 남을 다치게 할 수 있다. 또한 취한 상태에서 수영을 하는 것은 심장에 이중 부담을 주어 심하면 사망에 이르는 경우도 있다. 술에 취한 채로 사우나를 한다든지 사우나를 하며 술을 마시는 것 역시 매우 위험하므로 피해야 한다.

13) 체질을 알고 마시자

술은 무턱대고 마실 게 아니라 자신의 체질을 확인하고 마셔야 한다. 멋모르고 남들을 따라가려다가 간을 망가뜨릴 위험성이 있기 때문이다. 드링크만 마셔도 취하는 사람은 술과 맞지 않는 체질이다. 술에 강해지려고 노력하는 것도 금물이다. 자꾸 마시다 보면 주량이 어느 정도 늘긴 하지만, 그만큼 아세트알데히드도 증가하여 간을 상하게 한다. 술을 조금만 마셔도 숨이 가쁘고 얼굴이 붉어지는 사람 역시 알코올 2차 분해효소인 ALDH와 보효소인 NAD의 선천적 결핍자이므로 술을 보통 사람보다 약간 지나치게 마시면 위험할 수 있다.

7. 음주를 줄이기 위한 방법

(1) 집에 술을 두지 않는다.

(2) 일주일에 며칠은 술 마시지 않는 날로 정한다.

(3) 술을 거절하는 기술을 개발한다. 즉, 술 마시자는 제의를 정중하게 거절하는 기술을 개발하여 활용한다.

(4) 운동, 영화감상, 노래방 등 술 대신 즐길 수 있는 대안을 찾는다.

(5) 술을 줄인다는 것은 쉬운 일이 아니기 때문에 주변의 적극적인 지지를 얻어야 한다.

(6) 술을 마시게 하는 사람, 장소, 상황을 피한다.

(7) 우울하거나 화가 나거나 기분이 나쁠 때에는 술을 마시지 않는다.

(8) 포기하지 않는다. 술을 줄이는 것은 워낙 어려운 일이다. 체중조절만큼 어려운 일이므로 목표를 정해 놓고 달성하지 못했다고 실망하지 마라. 실패했다면 다시 시작하면 된다.

Part 09
성인병과 건강

중점학습내용	1. 현대사회에서의 성인병 2. 성인병에 따른 운동처방
Key word	성인병, 요통, 운동처방

1. 현대사회에서의 성인병

오늘날의 현대사회는 과학기술의 눈부신 발전에 따라 일상생활이 기계화・자동화됨으로써 과거의 힘든 육체적 활동이 요구되는 대부분의 일들이 자동화된 기계에 의해 이루어지고, 인간은 단지 손가락 운동만을 하는 존재로 점점 변화되어 가고 있는 실정이다. 이러한 역기능적 측면이 결과적으로 인간의 신체활동 부족현상과 과도한 좌업생활(Sedentry life) 습관 등을 가져오게 됨으로써, 이는 신체기능의 조기퇴화를 유발하는 원인이 되고, 또한 여기에 바쁜 일상 업무로 인하여 불규칙적인 식생활 습관 및 불균형의 영영섭취, 그리고 과도한 스트레스까지 가중되는 현실이라면 현대인의 건강수준은 아마도 위험수위를 나타내게 될 것이라고 할 수 있다.

일상생활 중 성인병을 일으킨다고 알려진 운동 부족, 과도한 스트레스, 지나친 영양섭취, 불건전한 생활습관, 음주 및 흡연 등의 공통적인 위험인자들을 제거하고 방지하는 것이 무엇보다도 효과적인 예방책이라고 할 수 있다. 그러나 선진국에서는 이 성인병이 이미 높은 발생빈도를 보이고 있고, 사망원인의 수위를 차지하고 있다.

1) 성인병의 특징

성인병의 발병률은 그 명칭에서 알 수 있듯이 40세 이후에 그 발생 빈도가 급속히 증가한다. 대표적인 5대 성인병인 고혈압·심장병·동맥경화증·뇌졸중·당뇨병 등의 연령별 발병률 조사를 실시했던 한 연구에서는 19세까지는 약 1%, 20~39세까지는 약 12%, 40~59세까지는 34%, 60세 이상에서는 약 68%를 나타내고 있다. 연령이 증가함에 따라 노화와 함께 성인병이 급증하는 것을 알 수 있다.

또한 성인병의 발병률 증가현상과 더불어 이로 인한 사망률도 점점 높아지고 있는데, 통계청 발표에 따른 1991년도 10대 사망원인을 보면, 각종 암으로 인한 사망이 19.2%, 뇌혈관 질환 13.3%, 심장병 9%, 고혈압 5.5% 등으로 성인병에 의한 사망이 전체 사망자 수의 약 47.9%를 차지하고 있음을 알 수 있다. 또한, 10대 주요 사망원인 중에서 특히 암·뇌혈관질환·심장병·고혈압 등이 성인병 질환의 대표적인 4대 사인임을 알 수 있다.

성인병의 특성은 다음과 같이 요약할 수 있다.
(1) 40세 이후에 집중적으로 발병하는 것은 비전염성 퇴행성 만성 질병군이며 성인의 주요 사망 혹은 기능장애의 원인이 된다.
(2) 질병의 직접적인 원인이 불분명한 것이 많으며 다인성이다.
(3) 질병이 개인적인 생활양식과 밀접한 관계를 가지며, 원인 치료에 특별한 방법은 없고 단지 위험요인의 제거로 인해 예방은 가능하다.
(4) 집단 발생 형태가 아니며, 개인적이고 산발적인 질병이다.
(5) 성인 초기에 질병으로 형성되어 노화에 따라 발병하는 경우가 많으며 장기간에 걸쳐 지도·관찰 및 전문적인 관리 등을 필요

로 하는 질병이다.

(6) 재활을 위해서는 특수한 훈련을 필요로 하는 질병이다.

2) 성인병의 위험요인

운동 부족은 생활 체력을 감퇴시킴으로써 일상생활에서 활력을 잃게 하는 원인이 되며, 또 각종 성인병을 일으키는 위험요인임을 이미 알고 있음에도 불구하고 아직까지도 대부분의 사람들은 심각하게 받아들이지 않고 있다. 예를 들어, 육체노동을 하거나 규칙적인 운동을 하는 사람들은 좌업생활자에 비해 상대적으로 건강하여 성인병 질환에 걸릴 위험성이 적다고 한다. 그러므로 규칙적으로 운동하는 생활 습관으로 비만 예방을 위한 체중조절을 할 수 있고 고혈압을 낮출 수 있으며, 당 대사 이상을 조절하고, 고밀도 콜레스테롤 농도를 증가시키는 등의 긍정적인 효과를 기대할 수 있다. 이것 때문에 더욱더 신체활동에 대한 중요성이 강조되고 있다.

2. 성인병에 따른 운동처방

1) 비만

일반적으로 비만(obesity)이라고 하는 것은 살이 찐 것을 뜻하지만, 정확히 말하자면 체내에 축적된 지방량이 정상수치보다 많은 상태를 의미한다. 보통 인체의 지방량은 남자의 경우 약 15% 전후, 여자는 약 25% 전후 정도가 정상수치라 할 수 있는데, 이보다 많은 양의 지방이 체내에 축적되어 있는 경우를 우리는 그 정도에 따라 '과체중' 또는 '비만(obesity)'이라고 규정한다.

이 비만은 고혈압, 동맥경화, 당뇨병, 퇴행성 관절질환 등의 성인병을 유발하는 대표적인 위험요인 중의 하나이다. 또한 비만인 사람은 정상체중인 사람에 비해 상대적으로 사망률이 높은데, 이는 비만상태 그 자체가 안정 시 혈압의 상승, 혈중지질 농도의 증가, 몸에 유익한 고밀도 지단백 콜레스테롤(HDL-C)의 감소 등으로 인한 심혈관계의 질환발병에 원인이 되기 때문이다.

비만의 예방 및 치료는 식이요법, 행동수정요법, 운동요법 등을 결합하여 실행함으로써 효과를 얻을 수 있는데, 이 중 운동요법의 효과가 가장 이상적이다. 그 이유는 운동으로 신체활동량을 증가시킴으로써 소비 칼로리를 높이게 되면 혈중지질, 혈압, 기분, 태도 등에 좋은 영향을 준다.

2) 고혈압

고혈압(Hypertension)도 여러 성인병의 원인이 되는 대표적인 위험요인인데 특히 순환기 계통 퇴행성 질환의 근원적 원인이 되는 만성질환이다. 고혈압은 40대 이후 중년층 이상에서 가장 많이 발생되는 성인병으로서 뇌출혈, 심장병, 신장병 등의 합병증을 초래하며 이로 인한 사망률이 높으며, 또한 치료 및 관리가 잘 안 되는 원인질환이기에 더욱 큰 문제가 되고 있다.

전 세계적으로 통용되고 있는 고혈압 판정기준을 보면, 수축기(최고)혈압이 140mmHg 이하, 이완기(최저)혈압이 90mmHg 이하인 경우가 정상혈압인데, 고혈압은 최고혈압이 160mmHg 이상, 최저혈압이 95mmHg 이상일 때를 말하고 있다.

3) 고지혈증

고지혈증(Hyperlipidemia)이란 혈청 내의 지단백 질량이 정상수치 이상으로 증가된 상태를 말한다.

지단백질은 총 콜레스테롤, 트리글리세라이드, 인지질, 단백질 등으로 구성되며, 이들 지단백질 밀도의 구성 비율에 따라 고밀도 지단백질(HDL), 저밀도 지단백질(VLDL), 중저밀도 지단백질 등으로 구분된다. 일반적으로 콜레스테롤은 동맥경화증과 관상동맥질환을 유발하는 위험요인으로 밝혀져 있으며, 혈중지질과 함께 임상병리학적으로 중요시되고 있다. 한편, 콜레스테롤을 혈관으로 운반함으로써 관상동맥질환을 발병시키는 대표적인 위험요인으로 저밀도 지단백 콜레스테롤(LDL-C)을 들 수 있는데, 이것은 혈중 총 콜레스테롤의 약 62%를 차지하고 있다.

4) 골다공증

골다공증이란 뼈의 구성성분인 칼슘이 서서히 소실되면서 뼈에 거친 경석이나 스펀지처럼 작은 구멍이 많이 나서 쉽게 부러지는 상태가 된 것을 말한다. 말 그대로 뼈 속에 구멍이 많아져서 골밀도가 저하된 상태를 말한다.

(1) 운동의 형태

골다공증 예방을 위한 운동은 저항성 운동과 근력운동이 중심이 되며 여기에 유산소운동이 포함된다.

(2) 운동량

유산소운동에서 운동강도는 최대심박수의 40~70% 정도, 운동시간은 최소한 20분 이상으로 주당 적어도 3회 이상 실시해야 한다. 기구를 이용한 근력운동의 경우 1RM의 30~40% 운동강도로 각 종목마다 8,012회 정도 반복하여 2~3세트씩 실시한다.

(3) 유의사항

골다공증 대상자의 취약한 체력수준을 보강할 수 있는 운동을 포함하여 운동 프로그램은 계획하고, 개인의 체력수준이 향상됨에 따라 다음 단계의 운동 프로그램으로 발전시켜 나간다. 고위험자에게서 수중운동 또는 의자운동은 안전성이 고려되어야 한다.

5) 류머티스 관절염

류머티스 관절염의 원인은 아직 확실하게 밝혀져 있지는 않으나, 류머티스 인자가 중요한 의미를 가지고 있다고 간주된다. 류머티스 관절염의 증상은 보통 동통, 종창, 말초 소관절의 경직 등으로 나타나며 증상의 진정과 약화의 시기가 있으나 대개 서서히 악화되는 경과를 보인다. 모든 연령에서 발병하지만 대부분 25~60세에 발생빈도가 높으며 여자가 남자보다 3배 정도 발생률이 높다.

(1) 국소의 온열요법

운동요법을 실시하기에 앞서 국소를 따뜻하게 하는 일을 실행해야 한다. 즉 더운물로 목욕하고, 더운 물수건, 핫팩 등을 이용하여 부위를 따뜻하게 하여 동통과 근육의 긴장을 완화시킨다.

(2) 관절가동범위 운동

관절을 움직일 때 동통이 강하게 나타나므로 등척성 운동을 통해 관절을 움직이지 않고 근 수축을 행하며, 운동은 관절의 동통이 일어나지 않는 범위 내에서 실시한다.

(3) 운동종목

① 근력운동

동통으로 인한 반사적 근 위축과 사용하지 않기 때문에 발생하는 폐쇄성 위축으로 인하여 심한 근력 저하현상을 볼 수 있다. 따라서 단계적으로 근력을 강화시키는 것이 필요하다. 근력강화 역시 처음에는 등척성 운동을 실시하며, 점차로 가벼운 저항운동에 의한 근력증강 운동을 실시한다. 등척성 운동은 근육의 수축과 이완을 5~6초 간격으로 교대로 반복 실시하되 하루 1~2회 이상 실시토록 한다. 또한 가벼운 운동을 반복해서 실시함으로써 점차적으로 지구력을 증강시킨다.

② 걷기

걷기는 류머티스 환자에게 있어서 매우 중요한 운동이며 자립보행이 가능하도록 하여 일상생활 활동능력을 키워 가도록 한다. 걷기는 관절가동범위 및 근 기능을 개선하는 데도 유용하다.

③ 류머티스 체조

류머티스 관절염 환자의 재활 운동프로그램은 탁구, 압박골절 등의 위험성을 고려하여 격한 전굴 및 후굴운동을 금지하며, 관절에 하중이 실리지 않는 상태에서 실시토록 하며, 동통이나 관절손상을 예방할 수 있는 운동 형태로 구성되어야 한다. 류머티스 체조에는 목, 어깨, 전완, 손, 흉복부, 고관절, 슬관절, 족관절 등의 정적 스트레칭이 포함된다. 환자에 따라서 운동량이 다르겠으나 가동범위를 유지하기 위해서는 하루 1회 이상 실시하고, 개선을 목적으로 한다면 하루 2~3회 이상 실시토록 한다.

④ 수중운동

류머티스 관절염의 활동성이 진정국면에 있을 경우에는 수중 걷기, 수영 등의 운동을 권장한다.

3. 당뇨병과 운동

1) 당뇨병

당뇨병(Diabetes)은 인슐린 분비이상으로 조직의 당질대사가 잘 이루어지지 않아 체내에 과혈당 상태가 발생함으로써 정상수치 이상의 혈당이 소변으로 다량 배출되는 질병이다. 당뇨병의 이상 여부를 판정하기 위해서는 우선, 아침 공복 시 혈당을 측정하여야 하는데 이때 혈당치가 70～100mg/dl이면 정상범위이며, 만약 140mg/dl 이상의 수치가 나오면 일단 당뇨병으로 의심할 수 있다. 또한 식후의 혈당치가 200mg/dl 이상이어도 당뇨적 대사이상으로 볼 수 있다.

당뇨병은 동맥경화증, 고혈압과 함께 3대 성인병이라고 하는데, 그 이유는 이들 세 가지 성인병은 매우 밀접하게 서로 연관되어 불가분의 관계가 있기 때문이다. 즉 고혈압이 오래 지속됨으로써 동맥경화증이 발생하고, 또 동맥경화증이 있게 됨으로써 당뇨병이 발병될 수도 있고, 또한 당뇨병으로 인한 합병증으로 동맥경화증이 발병될 수도 있기 때문이다. 이들 세 가지 성인병은 마치 톱니바퀴처럼 작용하여 상호 작용을 한다. 다시 말하면 고혈압은 원인질환이고, 동맥경화는 그 근원이 되는 핵심질병이며, 당뇨병은 결과적으로 발병된 속발질환인 것이다.

당뇨병의 적절한 운동은 혈당조절과 체중조절에 도움이되며 합병증의 예방, 개선에 도움, 평생 당뇨병을 치료해 나가는데 필요하다. 특히, 지구력과 자신감 운동은 자체로서 혈당을 감소, 세포에서의 인슐린의 효과도 증가시킴으로 혈당을 떨어뜨리게 된다. 운동시간은 식후 30분~1시간 이후 새벽운동을 가능한 피해야 하며 직업이나 생활여건을 고려하여 자신에게 적합한 시간대를 정하여 꾸준히 운동을 해야한다.

비만은 '지방과다'를 의미하지만 지방은 섭취 칼로리가 많아 지방으로 축적되는 경우와 근육 및 근육량이 저하되면 허약해진 근육을 보강하기 위해 지방에 벽을 만드는 경우가 있다.

중년이 되면 배에 지방이 마구 붙는 이유는 바로 근육 저하가 원인이다. 따라서 비만을 해소하기 위해서는 1~3kg의 덤벨을 준비하고 근육을 강하게 자극할 필요가 있으며 지속적인 유산소운동과 병행하는 것이 적절한다.

2) 당뇨병의 원인 및 분류

(1) 당뇨병의 원인

앞에서도 언급했듯이 당뇨병은 인슐린의 분비량이 부족하거나 인슐린의 작용 및 기능이 충분히 이루어지지 않을 때 나타나는 질병으로서 좀 더 구체적으로 설명하자면 글리코겐, 지질, 단백질의 과도한 분해로 인한 혈중 글루코스 농도의 급격한 증가가 일어나고, 그로 인해 당뇨 및 케톤뇨를 배출시키게 된다. 이때 과다한 수분과 전해질의 손실이 일어나 혈액이 농축되고 순환기 및 신장 등에 장애가 발생하여 보다 심각한 합병증을 유발하는 상태에 이르게 된다. 그러나 당뇨병에 대한 명확한 발생원인은 아직 밝혀내지 못하고 있는 실정이나 대개 유전적 요인과 환경적 요인이 상호 작용하여 병을 일으킨다고 보고 있다. 당뇨병이 이렇게 유전적인 요인을 가지고 있을 경우 적절한 식생활, 정신적 안정, 정상체중의 유지, 적당한 운동 등 환경적인 요인을 잘 통제하면 당뇨병의 발생을 예방할 수 있게 하거나 어느 정도 지연시킨다.

(2) 당뇨병의 분류

1980년 세계보건기구의 당뇨 전문 위원회는 당뇨병을 임상적인 면에서 인슐린 의존형 당뇨병과 인슐린 비의존형 당뇨병으로 분류할 것을 권고하였다. 본서에서는 여기에 인슐린 요구형 당뇨병을 추가하여 크게 세 가지로 나누고 있다.

① 인슐린 의존형 당뇨형(소아형 당뇨병)

소아형 당뇨병으로 분류된 인슐린 의존형 당뇨병은 인슐린 생산이 거의 되지 않거나 혹은 전혀 안 되는 기능이상을 말한다. 대부분 20세 이하의 어린 연령에서 주로 발생하는데 성인에게서도 드물게 발생하기도 한다. 이 인슐린 의존형 당뇨병의 주요 원인들로는 유전적 원인, 심신의 스트레스, 바이러스, 자기면역이상 등이 있다. 이 인슐린 의존형 당뇨병의 특징을 요약하면 다음과 같다.

　㉠ 췌장이 충분한 인슐린을 공급하지 못한다.

　㉡ 인슐린이 없기 때문에 글루코스가 통과할 수 있는 수용체의 문이 열리지 않는다.

　㉢ 혈당수준이 증가한다.

　㉣ 소변으로 배출되는 글루코스 양이 증가한다.

② 인슐린 비의존성 당뇨병(성인형 당뇨병)

성인형 당뇨병으로 분류된 인슐린 비의존성 당뇨병은 연령의 증가나 신체의 비만증세로 인해 인슐린이 부족하게 되거나 그 이용능력의 저하로 인해 발생된 당뇨병을 말한다. 대개 40세 이후에 발병하며 우리나라에서는 이 형태의 당뇨병이 주종을 이루고 있다. 가족이나 친척 중에 당뇨병 환자가 있는 경우, 즉 유전적 소인을 가진 사람이 비만증, 운동 부족, 심신의 스트레스, 임신 등으로 인해 체내 당 대사능력이 저하되고 여기에 인슐린의 작용이나 분비가 원활하지 못하게 될 경우 결국 혈당의 조절능력에 이상이 생겨 당뇨병에 걸리게 된다. 또 유전적인 요인이 없어도 나이가 들어 위에 열거한 환경적인 요인만으로도 당뇨병에 걸릴 수 있다. 한편, 인슐린 비의존형 당뇨병은 비만증을 동반하는 유형과 체중의 감소를 동반하는 유형으로 분류할 수 있다.

③ 인슐린 요구형 당뇨병(영양 실조형 당뇨병)

영양 실조형 당뇨병이라고도 불리는 이 병은 소아 때부터 영양공급을 제대로 받지 못한 영양결핍, 특히 단백질의 결핍으로 인해 인슐린의 분비가 저하되어 발생하게 된다. 이 경우 인슐린 의존형 당뇨병보다 약 3~4배 많은 인슐린을 요구한다.

4. 당뇨병의 증상

당뇨병의 증상은 갑자기 나타날 수도 있지만 대부분 서서히 나타나므로 환자 자신도 발병 여부를 잘 모르고 지나치는 경우가 많다.

1) 일반적 증상

당뇨병 환자는 고혈당으로 인해 소변으로 당이 배설되며 주로 탈수상태, 갈증, 피로, 무력감, 공복감이 발생한다. 이를 극복하기 위해서는 다량의 물을 마시게 되며 소변량이 많아지게 된다. 또한 공복감을 해결하기 위해서 음식을 더 많이 섭취하는 경향이 있다. 그러나 이는 다시 고혈당증을 유발하게 되어 위에서 언급한 과정이 다시 반복되는 악순환을 초래하게 된다. 이 외에도 일반적인 증상으로는 체중의 감소, 피부에 부스럼이 잘 생기고, 조그만 상처에도 잘 곪으며, 시력장애, 손발이 저린 증세, 잇몸이 쉽게 약해져서 치아가 흔들리는 증상 등이 있다.

(3) 약물요법

식이요법과 운동요법으로는 혈당 조절이 잘 되지 않는 중증 이상의 당뇨병 환자의 치료에는 약물요법을 병행해서 치료하게 된다. 대표적인 약물요법에는 경구용 혈당 강화제(먹는 당뇨병 약)와 인슐린 주사요법이 있다.

6. 당뇨병 치료를 위한 운동 프로그램

1) 운동의 형태

당뇨병 환자는 무엇보다도 운동을 통한 치료효과와 아울러 즐거움을 얻을 수 있는 운동을 선택해야 할 것이다. 따라서 운동 실시 초기에는 가장 기본적인 운동인 걷기와 천천히 달리기를 권장할 만하다. 이 운동들은 유산소성 운동인 동시에 체중을 이동시키는 동적 운동이므로 환자의 전신지력 향상에 큰 효과가 있다. 준비운동과 정리운동 목적의 체조와 걷기를 적당히 프로그램화한다면 어느 곳에서나 환자 스스로 할 수 있는 운동이 된다. 이 운동을 가지고 매일 규칙적으로 실시한다면 적어도 1일 소비 에너지 가운데 200~300kcal는 소비될 수 있으며, 더구나 식이요법과 병행하면 당뇨병 치료에 더욱 효과가 있다.

2) 운동의 강도

당뇨병 환자에게 실시하는 운동강도는 최대 능력의 약 40~80% 사이에서 주의 깊게 처방해야 하며, 초기에는 40%로 결정하는 것이 바람직하다. 특히, 인슐린 의존형 당뇨병 환자의 경우 갑작스러운 운동강도의 증가는 절대로 삼가야 하며, 초기에는 40%로 결정하는 것이 바람직하다. 특히, 인슐린 의존형 당뇨병 환자의 경우 갑작스러운 운동강도의 증가는 절대로 삼가야 하며, 인슐린 비의존형 당뇨병 환자의 경우에도 일정한 운동강도를 유지한 상태에서 점차적으로 강도를 증가시켜야 한다.

운동강도를 결정할 때 가장 널리 이용하는 방법이 목표심박수이다. 이 목표심박수에 의해 운동강도를 결정할 때에는 최대심박수와 안정 시 심박수를 이용하게 되는데, 안정 시 심박수는 평소의 측정을 통해서 얻을 수 있고 최대심박수는 220에서 자신의 연령을 뺀 수로 결정하면 된다. 그러나 운동부하검사를 통해서 보다 정확하게 측정하는 것이 좋다.

· 최대심박수(MHR) = 220 − 나이
· 목표심박수(THR) = 운동강도(%) * (최대심박수 − 휴식 시 심박수) + 휴식 시 심박수

---

3) 운동의 시간

운동의 시간은 미리 처방된 운동강도의 수준에 의해 결정한다. 왜냐하면 운동시간과 운동강도는 역상관관계로 운동강도가 높을수록 지속할 수 있는 운동시간은 짧아지기 때문이다. 한편, 미국 스포츠 의학회에서는 운동강도를 선택함에 있어 약 20~30분 정도 지속할 수 있는 운동시간을 기준으로 할 것을 추천하고 있으며, 운동시간의 결

정은 당뇨병 환자의 유형에 따라 운동강도 및 운동빈도를 고려하여 다르게 적용한다. 이 경우 장시간의 운동은 적절하지 않다. 일반적으로 인슐린 의존형 당뇨병 환자의 경우는 10~30분 이내에 미치도록 하고, 인슐린 비의존형 당뇨병 환자는 일정한 강도를 30분 이상은 실시하되 한 시간 이상을 넘지 않도록 권장하고 있다.

4) 운동의 빈도

운동빈도는 주당 몇 번을 할 것인가를 나타내는 것으로서 이것 또한 적정한 운동처방의 목적과 개인의 수준에 따라 결정된다. 당뇨병 환자의 운동의 빈도는 일반적으로 자주 실시하는 것이 좋은데, 보통 1주일에 5일 정도가 적당하다. 특히 인슐린 의존형 당뇨병 환자는 인슐린 수준을 일정하게 유지하기 위해서 규칙적인 식이요법과 함께 매일 실시하는 것이 좋다. 그리고 인슐린 비의존형 당뇨병 환자는 열량소비를 보다 높이고 과체중을 감소시키기 위해서 주당 5일 정도 실시하는 것이 바람직하다.

(1) 운동 프로그램의 유형

① 유연성 체조 프로그램

유연성은 근육과 건 등의 연조직의 신전, 굴곡에 관계하는 중요한 체력 구성인자 중의 하나이다. 유연성 향상 운동에는 스트레칭, 맨손체조, 요가 등이 있으나 스트레칭 운동이 가장 쉽게 할 수 있으면서 운동효과가 큰 장점이 있다.

스트레칭 운동의 유형은 근육의 기능을 높이기 위한 정적 스트레칭과 반동을 주어서 실시하는 동적 스트레칭으로 나눌 수 있다. 동적 스트레칭은 앞뒤로 굽히기, 율동적 동작 등에서 나타나는 동적 운동 유형이며, 정적 스트레칭은 일정한 자세를 유지하는 운동으로서 신체 골력의 바른 배열에 따라 근육의 장축 방향으로 향하도록 해 주는 운동이다. 유연성 운동 시에는 자연스럽게 호흡을 하고 도중에 휴식을 취하지 않는다. 보통 스트레칭은 정적 스트레칭을 실시하는데, 이때에는 편안하게 그리고 천천히 실시하며, 근육을 늘인 상태로 10~20초 동안 자세를 유지하여야 한다. 또 모든 동작은 늘려서 정지한다는 느낌을 가지고 실시하도록 하는 것이 요령이다. 정적 스트레칭을 실시함으로써 당뇨병 환자의 치료를 위해 단시간 내에 안정 시의 심박수로 회복시키고 에너지 대사 회복에도 도움을 줄 수 있도록 연속적이고 천천히 해야 한다.

② 걷기 운동 프로그램

걷기 운동의 실시 방법과 운동 프로그램은 다음과 같다. 허리를 바로 세우고 배를 내밀지 않은 자세로 반듯하게 걷는다. 가벼운 걷기나 스트레칭으로 준비운동과 정리운동을 한다.

당뇨병 환자의 경우 걷기의 운동강도는 자신의 체력수준에 맞게 계획된 시간 내에 일정한 거리를 걷도록 한 다음 운동 전·중·후 각각 10초간 심박수를 측정한다. 그런 다음 운동 중 목표심박수가 120회/분 정도의 수준으로 조절한다.

③ 조깅 프로그램

조깅의 실시 방법과 그 운동프로그램을 설명하면 다음과 같다. 우선 자세는 지면과 수직이 되는 상태로 무릎을 들어 올려 보폭을 크게 하는 것이 좋으며, 시선은 20m 전방을 향하도록 한다. 에너지의 소모가 많고 근육 경련을 일으키기 쉬우므로 손, 발, 어깨 등의 힘을 빼고 달린 일반적인 목표심박수는 분당 약 140~170회 정도인데 운동 초기의 당뇨병 환자의 목표심박수는 이보다 낮게 하여 실시한다.

④ 자전거 타기 프로그램

실내용 자전거 운동은 트레드밀보다 경제적 부담은 적으나 하체운동에 치우친다는 단점이 있다. 우선 근육의 긴장을 풀고 상체의 움직임을 가급적이면 줄인다.

최고 심박수의 약 40~60% 수준으로 목표심박수를 정하고, 본 운동에 잘 적응할 수 있도록 5분간의 준비운동을 실시하고 운동이 끝난 후 정리운동도 반드시 실시한다.

⑤ 수영 프로그램

수영을 할 때 운동강도는 당뇨병 환자 자신에게 맞게 조절하며 목표시간이나 거리에 미치지 못하더라도 점차적으로 달성할 수 있도록 한다. 수영의 실시방법과 단계별 운동 프로그램은 다음과 같다. 제1단계로는 수심이 얕은 곳에서 각종 놀이를 통해 물에 적응하도록 하고, 제2단계에서는 허리 정도의 수심에서 뜨기, 가라앉기, 물에 떠서 나아가기 등을 하면서 물에 익숙해지도록 한다. 제3단계에서는 발로 물을 차거나 손으로 물 긁기를 하여 몸을 앞으로 나아가게 하는 방법을 터득한 후 초보적인 영법을 연습해 본다. 제4단계에서는 각종 영법의 기본동작을 연습하여 평영 → 자유형 → 배영 → 접영 등의 순서로 익혀 나간다.

5) 운동 프로그램 실시의 효과

당뇨병 환자의 당 대사를 개선시키기 위해서 운동을 어떻게 적용시킬 것인가에 대한 많은 연구가 되고 있다. 당뇨병 환자의 경우 아침식사 전에 운동을 하는 것이 오후시간에 하는 것보다 훨씬 효과적인데 그 이유는 아침에 혈당조절이 더 잘 되어 저혈당에 빠질 우려가 적고 인슐린도 적게 증가하기 때문이다. 운동은 인슐린이 증가된 상태에서 하면 그 효과가 반감된다.

6) 운동 프로그램을 실시할 때의 주의사항

운동은 환자의 건강 상태와 연령을 감안해서 알맞게 실시해야 하며, 환자가 육체적·심리적으로 무리한 부담을 가지는 종목은 피해야 한다. 특히 중증의 심장질환, 케톤증 환자는 운동을 삼가야 한다. 또한 고지혈증이 있는 환자도 운동이 도리어 고혈당증을 악화시킬 수 있으므로 혈당을 조절하면서 행하는 것이 좋다. 한편 당뇨병 환자에게 있어서 지나친 운동은 혈당을 심하게 감소시켜 저혈당증을 유발시킬 수 있으므로 운동처방에 근거하여 환자 자신에게 가장 알맞은 운동을 선정하여 규칙적으로 하도록 하는 것이 중요하다.

7. 운동과 요통

　우리 인체의 척추는 7개의 경추, 12개의 흉추, 5개의 요추, 5개의 천추, 4개 혹은 5개의 미골로 이루어져 있다. 각각의 뼈는 목, 등, 허리 부분에서 각각의 기능과 충격을 완화하기 위해 만곡을 형성하고 있다. 통계에 따르면 인류의 80%는 일생에 한 번 이상의 요통을 경험한다고 할 정도로 요통은 그만큼 우리 주의에서 흔히 볼 수 있는 질병으로 그 원인과 치료방법, 예방법 등에 관심을 기울일 필요가 있다. 요통의 원인은 여러 가지가 있는데, 그중 흔히 볼 수 있는 것이 허리 인대와 근육의 손상에 의한 요추부 좌상 및 요추 염좌와 추간판이 탈출되어 신경을 압박하고 있는 추간판 탈출증이며, 그 외 만성적인 나쁜 자세 증후군, 선천적으로 약한 허리, 종양, 골다공증, 척추 결핵, 심장과 내장의 질환, 허리근육의 약화, 노이로제 등 심리적인 문제를 포함하여 여러 가지가 있다. 여기서는 요통이라고 널리 알려져 있는 추간판 탈출증과 요추 염좌에 대해서 그 원인과 증상, 진단, 치료방법에 대해서 알아보자.

1) 추간판 탈출증

　척주는 추간판에 의해서 분리되어 있다. 추간판은 일종의 연골로서 지우개와 같은 정도의 강도와 탄력성을 갖는다. 이것은 몸을 앞으로 구부리거나 뒤로 젖히고 옆으로 굽힐 때 움직임을 허용하며 뛰거나 뛰어오를 때의 충격을 완화하는 쿠션 역할을 한다.

　섬유륜은 많은 층으로 되어 있기 때문에 추체와 추체를 강하게 유지하고 추간판의 수핵 주위를 완전히 에워싸고 있다. 섬유륜은 어느 정도 늘어날 수 있기 때문에 추체에 압박을 가해도 단연되지는 않고 척주를 구부려도 끊어지지 않지만 옆으로 비틀게 되면 허용 범위를 넘게 될 경우 끊어지게 된다. 외층이 내층보다 먼저 끊어지게 되어 단열이 심하게 되며 특히, 추간공에 가까운 부분의 섬유륜은 얇고 약하기 때문에 이 부분의 단열이 심하다. 추간판의 섬유륜이 찢어지고 섬유륜의 중심에 있는 수핵에 압박이 가해지게 되면 수핵은 중심부에서 찢어진 곳으로 이동하게 되어 신경이 들어 있는 척추관 속으로 들어가게 됨으로써 신경근이나 신경이 분포된 척추관 속의 조직들을 자극하여 통증을 일으키게 되는 것이다.

(1) 추간판 탈출증의 원인

추간판 탈출증은 디스크 수핵에 변성이 생기면서 30~40대에 많이 발생하지만 근래에는 10대와 20대에서도 그 발생빈도가 높아지고 있다. 디스크 수핵은 삼투압에 의해서 영양분을 공급받는데, 운동이 부족한 경우 척추주변 근육을 약하게 할 뿐 아니라 디스크 수핵 내의 수분을 유지하는 것에도 영향을 미친다.

또한 과격한 운동이나 한쪽 방향으로만 치우치는 움직임은 척추 주변 근육을 비대칭적으로 발달시켜 척추에 나쁜 영향을 줄 수 있다. 또한 굽이 높은 구두를 자주 신는 등 자세에 문제가 있는 경우나 종양, 류머티즘 관절염, 골다공증, 신경성 노이로제 등의 질병으로 인해 척추 주변 조직의 변성을 가져와 추간판 탈출증의 원인이 된다.

(2) 추간판 탈출증의 증상

추간판이 탈출하여 수핵이 척추관이나 추간공에 도달하면 그 부위의 조직에 압박과 자극을 가하게 되어 통증과 기능장애를 일으키게 된다. 신경근이 압박되면 압박된 신경의 지배하에 있는 부위는 통증을 느끼거나 기능에 장애가 오며, 디스크가 돌출하여 신경근을 압박하면 요통과 함께 다리에 통증이 온다. 주로 엉덩이와 허벅지, 종아리에 통증이 오고 경우에 따라서는 허리는 전혀 아프지 않고 다리 쪽만 아플 수도 있으며 좀 더 심해지면 발가락까지도 통증이 온다. 어느 한쪽 다리에만 통증이 오는 것이 대부분이지만 디스크의 탈출이 중심에서 일어나면 양쪽 다리가 아프거나 번갈아 가면서 아프기도 한다.

디스크가 탈출하게 되면 바로 누워서 무릎을 편 채 다리를 들어 올리기가 어렵다. 또 통증이 발생하면 이것을 피하기 위해서 자세를 옆으로 비트는 경향이 있는데 이로 인해 요추측만증이 발생하기도 한다. 무릎으로 가는 신경근이 압박을 받으면 무릎에서 다리로 뻗는 힘이 약해져서 걸을 때 순간적으로 절뚝거리며 무릎관절의 건반사가 약해진다. 디스크의 허리 아래쪽으로 갈수록 발 아래쪽에서 증상이 나타난다.

신경근이 갑작스럽게 압박되거나 당겨질 때 감각마비가 동반되지 않은 통증을 일으키지만 만약 장기간 동안 신경근이 압박되거나 당겨지게 되면 감각이상까지도 느낄 수 있다.

(3) 추간판 탈출증의 진단

요통이라고 해서 모두 같은 증상이 나타나는 것은 아니다. 정형외과에 가게 되면 각종 검사를 받고 그에 따라 정확한 진단이 내려진다.

간략하게 검사의 과정을 살펴보면 다음과 같다. 의사는 통증부위와 정도, 통증이 생기기 시작한 시기 등 환자가 이야기하는 증상을 간단히 듣는다. 다음에 전신 또는 국부진찰을 한다. 촉진, 즉 손으로 만지거나 누르면서 척추와 근육상태를 조사한다. 그 외에 몸이나 무릎을 굽혔다 펴거나 엎드리는 동작, 한쪽 다리로 서기 등 가벼운 운동을 할 때에 이상이 없는지 등을 여러 각도에서 테스트한다. 이 방법으로 요추부 외에 하체, 다시 전체에 어떤 장애가 있는지를 판단한다. 이 과정에서 대략의 병세가 확인되어 병명을 알 수 있게 된다. 그래도 진단하기가 어려울 때에는 그다음이 X선 검사다. 정형외과를 찾는 사람은 뼈의 이상이 대부분이다. 뢴트겐 사진 촬영을 하면 이상이 발견되기도 한다. 몸의 정면과 측면, 양쪽에서 촬영한다. 경우에 따라서는 좌우 비스듬한 위치에서 촬영을 하거나 몸을 뻗었을 때의 상태 촬영도 함께 한다. 이 과정은 뼈를 검사하는 것과 같은 방식으로 척수나 척수신경, 추간판 등에 대해서도 검사할 수 있다. 조영제를 주입하여 척수관 내부나 추간판에 이상이 없는지를 조사하기도 한다. 이것을 척수조영, 추간판 조영이라 부른다. 이 밖에 혈액이나 뇨검사, CT(X선 컴퓨터 단층촬영)검사나 MRI(자기공명화상)검사, RI(방사성 동위 원소를 주입하여 체내에서 밖으로 방출되는 방사선을 촬영)검사 등 최신 기기 검사도 필요에 따라 병행하여 실시한다. 이러한 검사 결과를 종합하면 정확한 진단이 내려진다.

(4) 추간판 탈출증의 예방과 치료

① 예방법

오래전부터 요통을 예방하는 데는 운동이 좋다고 알려져 왔으며, 최근에는 예방뿐만 아리라 치료와 재발 방지를 위해서 반드시 운동을 해야 하는 것으로 인식되고 있다. 운동의 내용으로는 신체적 유연성과 근육의 긴장도를 개선하고 허리근육을 강화시키는 종목이 좋다. 요추의 지지조직으로서 중요한 역할을 하고 있는 배근과 복근, 하지근육을 강화시킴으로써 요통을 예방할 수 있다. 확실한 원인이 밝혀지지 않는 요통(추간판에 병리학적 소견이 없는 경우)에 대하여서는 요통체조가 효과적일 수도 있다. 요통체조는 요복부의 근력을 트레이닝하는 몇몇 종류의 유연체조를 결합한 것이다.

② 치료법

신경학적 검사나 그 외의 여러 검사에 의해서 추간판 탈출증이라고 진단이 내려지면 거기에 맞는 적절한 치료가 진행되어야 한다. 추간판의 탈출로 인해 신경이 압박되어 허리나 다리에 통증이 있을 때 통증만 해결되는 것으로는 완전한 치료를 하였다고 할 수가 없다. 추간판 탈출의 원인을 찾아서 해결하지 않으면 어떠한 방법으로 치료한다고 해도 다시 재발할 확률이 높다. 운동요법은 단기간에 그 효과가 나타나는 것이 아니고 적어도 2~3개월은 지속되어야 하기 때문에 예방과 재발을 방지하기 위해서는 운동을 평생 한다는 생각으로 생활의 일부분으로 습관화시키는 것이 좋다.

요통 환자가 운동을 하는 목적은 신체적 유연성을 증가시키고 근육의 긴장도를 해소하며 허리 근육의 힘과 복근을 강화시켜 증가된 복압으로 요추와 천추의 각도를 정상적으로 유지하게 하고 잘못된 자세를 교정하는 데 있다. 운동이 좋다고 해서 남이 하는 것을 무분별하게 따라서 하거나 무리하게 하는 것은 오히려 역효과가 날 수 있으므로 운동을 선택할 때 주의할 필요가 있다. 또 요통 환자에게 좋다고 소개되는 운동이 모든 환자에게 다 적용되는 것은 아니기 때문에 환자는 운동을 시작하기 전에 전문가와 상의하여 자신의 체형과 운동의 수준을 판단하는 것이 필요하다. 일반적으로 볼 때 좌우의 균형이 맞는 운동은 요통 환자들에게 도움이 된다. 그러나 한쪽으로 치우치는 운동, 예를 들면 골프, 볼링, 테니스, 탁구 등은 요통을 일으킬 수 있는 가능성이 많으므로 요통 환자는 피하는 것이 좋으며, 경쟁적인 스포츠는 자칫 무리한 동작으로 이끌 우려가 있기 때문에 삼가는 것이 좋다. 추간판 탈출증을 치료하기 위한 보존적 치료법을 제시하면 다음과 같다.

ⓒ 척추교정술(카이로프락틱)

척추교정술은 맨손으로 치료 행위를 하는 손 기술로 척추교정요법을 말한다. 이 척추교정술은 인체의 골격 구조, 특히 척추 골반에 나타나는 구조 이상, 척추 부정렬, 전위 때문에 신경장애를 일으키고 있는 부위를 맨손 교정에 의해서 정상화하고 신경생리기능의 회복을 도모하여 건강 증진에 이바지하는 치료법으로 발전하여 왔다. 척추교정술에서 가장 중요하게 여기는 것이 바로 추간공이다.

ⓛ 요추견인술

견인은 허리근육을 수동적으로 늘리는 방법이다. 견인방법에는 여러 가지가 있는데 가장 간단한 방법으로는 바로 누운 자세에서 고관절과 무릎 관절을 구부려 발을 작은 의자 위에 올려놓고 발밑에는 베개를 넣는 방법이 있다. 급성 요통이 왔을 때는 이러한 자세가 통증을 경감시키는 데 도움이 된다. 최근에는 양팔이나 양발로 매달려 자신의 체중을 요추에 대한 견인의 힘으로 작용하게 하는 방법이 사용되고 있다. 이 요추견인술은 탈출된 수핵이 디스크 내로 다시 되돌아가는 효과를 거둘 수 있다는 장점이 있으나 짧은 시간 보조적으로 사용하는 것이 바람직하다.

ⓒ 물리치료

• 초음파 치료: 1초에 100만 사이클이 넘는 진동을 일으키며 이것이 심부 조직층에 전파되어 조직액을 유입시키기도 하고 유출시키기도 하며 조직을 신장시켜 통증을 경감시킨다. 초음파치료는 큰 감각섬유를 자극하여 작은 감각신경으로 전달되는 통증을 감지할 수 없게 하는 원리이다.

• 경피적 전기자극요법: 이 방법은 피부 표면에 붙인 전극을 통하여 신경에 전류를 보내는 것으로 동양의 침술과 비슷한 방법이다. 단지 침술처럼 침이 몸속으로 들어가지 않고 전류로 신경을 자극하는 차이가 있다. 고주파는 굵은 신경섬유를 자극하여 가는 신경섬유를 통해 전달받은 통증의 감지를 줄인다. 저주파는 엔도르핀의 분비를 증진시켜 통증을 감소시킨다.

• 간섭파 치료: 이 방법은 경피적 전기자극요법과 거의 같은 원리

로 통증을 경감시켜 준다. 네 개의 전극을 X형으로 피부 표면에 부착하여 두 개씩 각각 다른 주파수로 연결된다. 이 전극이 통증이 있는 부위를 통과할 때 간섭이 이루어져 통증을 경감시킨다.

- 찜질: 찜질은 신체 부위에 염증이 생겨 통증이 있을 때에 얼음 또는 온수를 이용하여 통증과 부종을 경감시키는 방법이다. 허리에도 마찬가지로 이 방법이 적용된다. 냉찜질은 허리에 통증이 급성으로 와서 부풀어 오른 허리를 치료할 때 사용한다. 얼음을 비닐 용기에 넣어 20~30분간 허리에 대는 것보다는 얼음으로 천천히 피부를 상하로 부드럽게 문지르는 것이 좋다. 냉찜질을 함으로써 붓는 것을 방지하고 근육의 긴장을 제거하여 통증을 완화시킨다. 이때 냉찜질은 15분 이상 지속하지 않는 것이 좋으며 동상에 주의해야 한다. 통증이 발생한 지 2~3일이 지나면 그때부터는 온찜질을 하도록 한다. 염증은 자극을 받고 있는 조직에 조직액을 고이게 하기 때문에 환부에 열을 가하여 혈액순환을 증진시킴으로 산소 공급을 증가시켜 근육의 긴장을 감소시키고 고여 있는 조직액을 배출시킨다. 또한 열은 굵은 신경섬유를 자극하여 통증의 감지를 줄이게 된다. 이때 화상에 주의하고 말초혈관 장애가 심하거나 감염성 피부질환이 있는 사람, 악성 종양이 있는 사람은 온찜질을 피하는 것이 좋다.

2) 요추 염좌

일반적으로 염좌는 관절을 둘러싸고 있는 혈관, 인대, 건 등이 늘어났다거나 찢어진 상태를 말하는데 이것이 여러 가지 원인에 의해서, 특히 요추 부위에 발생된 것을 '요추 염좌'라고 한다. 요추 염좌는 주로 허리 부위에 물리적·기계적으로 스트레스가 가해지거나 평상 시 올바른 자세의 유지를 하지 않았을 경우 그리고 만성적인 운동 부 족 등으로 인해 허리근육이 약화되면서 그 증상이 나타난다. 무거운 물건을 갑자기 들어 올릴 경우, 허리인대와 근육의 손상이 있게 되어 급성 요추 염좌가 올 수도 있다.

(1) 요추 염좌의 원인

요추 염좌는 무리하게 무거운 물건을 갑자기 들었을 경우와 영양 섭취의 이상, 운동 부족, 만성적인 스트레스 등 여러 가지 원인으로 인하여 허리가 약해짐으로 인해 자주 발생한다. 요추 염좌가 발생하 면 허리가 뻐근해짐과 동시에 불편해지고 몸을 똑바로 펴지 못하게 되며 경우에 따라서는 그 통증이 너무 심하여 꼼짝도 못할 때가 있다.

(2) 요추 염좌의 분류

관절 부위에 외부로부터 무리한 힘을 가해 뼈마디 둘레의 막이 상 하여 붓고 아픈 상태가 되는 염좌는 허리에서도 종종 발생하여 이를 요추 염좌라고 하는데 크게 급성과 만성으로 구분할 수 있다.

① 급성 요추 염좌

무거운 물건을 들어 올릴 때, 삽으로 구덩이를 팔 때, 길거리에 파 인 웅덩이에 걸려 넘어질 때, 경미한 교통사고 등으로 인해 생길 수 있는 급성 요추 염좌는 초기에 잘 치료하지 않으면 추간판 탈출증이 나 척추관 협착증으로 발전될 가능성이 있다.

② 만성 요추 염좌

만성 요추 염좌는 허리에 여러 가지 복합적인 요인에 의하여 물리적·기계적으로 스트레스가 가해져서 오는 것이다. 이는 자세가 나쁘거나 운동 부족으로 인한 허리 근육의 약화로 증상이 나타나며 주로 35세 이후에 많이 발생한다. 보통 만 35세를 지나면 힘줄과 인대들이 탄력을 잃고 점차 섬유질화되어 경직된다. 35세 이전에는 척추의 힘줄과 인대가 탄력성이 풍부하고 튼튼하므로 일상생활에서 무거운 물건을 드는 일을 할지라도 허리에 이상을 가져오는 경우가 드문데, 나이가 들수록 척추의 허리 관절들도 변성을 일으켜 비후성 골관절염으로 허리가 더욱 약해지는 경우가 생긴다. 변비, 과로 등도 만성 요추 염좌의 원인이 된다.

(3) 요추 염좌의 증상

급성 요추 염좌는 다치자마자 즉시 허리가 뻐근해지고 불편하며 몸을 똑바로 펴지 못하거나 통증이 너무 심하여 꼼짝도 못할 때도 있다. 대부분의 급성 요추 염좌는 허리가 어딘가 모르게 불편하며 어느 한쪽의 통증이 심한 것이 보통이다. 한편, 여러 원인으로 인하여 약해진 허리에 무리한 스트레스가 만성적이고 반복적으로 가해짐으로써 오는 요통이 만성 요추 염좌인데, 증상은 엉덩이 부분, 허리 부분 등이 아픈 듯 뻐근하고 불편하며 몸이 피곤하고 허리가 묵직하게 느껴진다.

조금 누워서 쉬면 편해지나 움직이거나 앉아 있으면 불편함이 느껴지는데 이는 허리 근육의 가운데 부분이 굳어져 혈액 순환이 제대로 이루어지지 않으므로 생기는 증상이다.

(4) 요추 염좌의 진단

요추 염좌는 앞쪽의 디스크 수핵을 둘러싸고 있는 질긴 섬유테가 찢어지거나 그 디스크를 포함하여 척추를 둘러싸고 있는 종렬 인대가 조금 손상되는 경우와 뒤쪽의 척추관절이 삐는 경우와는 약간의 차이가 난다. 척추의 앞부분인 디스크 구성성분 쪽이 염좌되면 나중에 추간판 탈출증의 후유증이 생기고, 척추의 뒷부분인 척추 사이 관절 구성성분 쪽이 염좌되면 나중에 척추관 협착증의 후유증이 생길 수 있다.

요추 염좌가 허리근육의 섬유들이 눈에 보이지 않을 정도로 상한 상태일 수도 있으며 척추의 뼈와 뼈를 연결하는, 그리고 척추에서 골반 등 다른 부위와 연결하는 인대들의 부분 염좌일 수도 있는데, 이때는 나중에 비교적 후유증이 가벼운 것이 특징이다.

(5) 요추 염좌의 예방과 치료

요추 염좌는 역학적인 요인에 의해서 오는 경우가 많이 있기 때문에 치료도 역학적인 방법으로 하는 것이 중요하다. 즉 요추의 경우에 있어서도 순간적으로 가동범위를 넘거나 원래의 운동방향과 다르게 움직여서 통증이 발생할 때 그 요추를 제자리로 보내면 통증이 사라진다. 인체는 신경계통이 본연의 기능을 발휘하면 자연 치유력이 발동하여 외부로부터의 침입에 대항하려는 기전이 작용한다. 따라서 문제가 생긴 추골을 제자리로 복원시켜 신경의 흐름을 정상화시키면 요추 염좌는 치료가 된다. 특히 급성 요추 염좌는 얼음찜질을 곁들이면 통증을 빨리 경감시키는 데 도움이 되며, 1~2주 성실히 치료받으면 급성 요추 염좌로 인한 상처는 잘 낫게 되는데 치료를 게을리 하고 무리하면 나중에 추간판 탈출증으로 발전할 수도 있다.

8. 운동 프로그램

골반은 우리 몸의 자세를 유지하는 데 매우 중요하며, 골반의 위치가 잘못되면 그만큼 요통은 많이 발생하게 된다. 허리운동은 주로 골반의 전·후·좌·우 경사를 바로잡고 그것을 유지하기 위한 프로그램으로 구성된다. 허리운동을 하기 위해서는 자신의 체형을 먼저 알고 있어야 자신에게 유익한 프로그램을 선택하여 운동을 할 수 있다. 본 장에서 소개되는 운동은 허리에 대한 불안을 없애는 것뿐만 아니라 체력을 강하게 하고 운동을 습관화하여 요통의 재발을 막고 예방하는 데 많은 도움이 될 것이다.

요통환자들을 위한 운동에 사용되는 기계는 특별히 고안·제작된 것으로 무게를 자유롭게 조절할 수 있으며 여러 개의 도르래가 사용됨으로써 통증이 심한 환자나 노약자에게도 전혀 무리 없이 사용할 수 있게 되어 있다.

1) 요추 전만증 치료를 위한 운동

(1) 무릎 편 상태로 누웠다가 일어나기

양손으로 상단 추 고리에 걸린 손잡이를 잡는다. 양발은 기계 하단 전면에 있는 손잡이에 붙인다. 양팔을 곧게 펴고 체중으로 추를 당기며, 무릎을 굽혀서 천천히 바닥에 앉아 등이 바닥에 닿도록 눕는다. 이때 상체를 다시 일으켜야 하는데 바닥에 등이 닿아 있는 시간이 길면 일어나기 힘들기 때문에 등이 바닥에 닿는 순간의 반력과 추의 무게를 이용하여 팔과 무릎을 곧게 편 상태로 상체를 일으킨다. 추의 무게는 통증과 체중을 고려하여 조절할 수 있지만, 약간 무거운 듯한 것이 운동효과와 치료에 더욱 도움이 된다. 약 10~15회 정도 반복 실시한다. 처음에는 이 동작이 쉽지 않지만, 조금만 반복하면 재미도 있고 요추전만을 해결하는 데 매우 유익하다.

(2) 다리 걸어 내리기

상단 추 고리에 걸린 띠를 한 손으로 잡고 바닥에 앉아 머리가 기계 쪽을 향하도록 하여 위를 보고 똑바로 눕는다. 양손으로 띠를 잡아 몸 쪽으로 당기고 양발을 구부려 띠 안으로 뒤꿈치부터 완전히 넣어서 빠지지 않도록 한다. 양손은 머리 위에 있는 손잡이를 잡는다. 양 무릎을 곧게 편 채로 추를 잡아당겨 발이 바닥에 닿을 때까지 내림과 동시에 양발에 힘을 빼고 추의 진행에 몸을 맡겨 엉덩이가 바닥에서 들릴 정도로 다리를 위로 올린다. 추의 무게와 바닥에 붙어 있는 상체로 인해 요추 전만증이 감소된다. 추의 무게는 가볍게 시작해서 운동요령을 터득한 후 점진적으로 늘려간다. 약 10~15회 정도 반복 실시한 운동 중 무릎을 편 자세가 유지되도록 하는 것이 중요하다.

(3) 무릎 꿇고 앉아 당기기

양손으로 상단 추 고리에 걸린 손잡이를 잡고 바닥에 무릎을 꿇고 앉는다. 양팔은 곧게 편 채 체중으로 추의 무게를 당기며 엉덩이를 뒤꿈치에 닿도록 앉으면서 팔을 가슴까지 잡아당긴다. 다음은 팔을 곧게 펴고 추 이동에 따라 몸을 곧게 펴서 처음의 무릎 꿇고 앉은 자세로 돌아간다. 이 운동은 팔로 추를 잡아당기는 것이 목적이 아니고 등과 허리의 근육을 신장시키며 척추의 정렬을 바르게 하는 데 그 목적이 있다. 약 10~15회 정도 반복 실시한다.

(4) 다리 펴고 앉아 발목으로 당기기

기계 하단에 걸린 손잡이를 잡고 기계로부터 적당한 거리를 두고 떨어져 다리를 곧게 펴고 앉는다. 손잡이를 발등에 걸고 양손은 허리 뒤의 바닥을 짚고 몸을 지탱한다. 발목으로만 추를 잡아당기고 이때 무릎이 바닥에서 떨어지지 않도록 주의하며 약 10~15회 정도 반복 시행한다.

(5) 다리 벌리고 앉아 당기기

기계 하단에 걸린 손잡이를 잡고 기계로부터 적당한 거리를 두고 떨어져 양다리를 옆으로 벌리고 앉는다. 팔은 곧게 편 채 허리와 등의 근육으로 추를 잡아 당겨 상체를 곧게 편 다음 팔로 손잡이를 가슴까지 잡아당긴다. 다음은 팔을 곧게 펴고 추를 향해 상체를 숙일 수 있을 때까지 숙인다. 약 10~15회 정도 반복 실시한다.

(6) 다리 밀어 올리기(Leg press)

기계 하단 손잡이에 엉덩이가 닿도록 거리를 조절하고 위를 보고 똑바로 눕는다. 양 발바닥을 추에 걸린 손잡이의 꺾인 부분에 대고 위로 밀어 올린다. 약 10~15회 정도 반복 실시한다.

(7) 팔로 밀어 올리기

기계 하단 손잡이에 머리가 닿도록 거리를 조절하고 위를 보고 똑바로 눕는다. 요추의 전만을 줄이기 위해 양 무릎을 세우고 발바닥을 바닥에 댄다. 손잡이를 잡은 양팔의 간격은 체격에 따라 조절한다. 요추 전만증이 있는 사람은 대부분 흉추가 뒤로 둥글게 구부러지는데,

이 운동은 뒤로 나온 흉추의 정렬을 바로잡아 요추의 전만을 줄이는 데 도움이 된다. 약 10~15회 정도 반복 실시한다.

(8) 윗몸 일으키기

기계 하단 손잡이에 발목을 걸고 위를 보고 똑바로 눕는다. 양 무릎은 구부려 세우고 양손은 깍지를 끼고 목 뒤에 댄다. 허리를 위아래로 움직이지 말고 복근의 힘으로만 상체를 일으킨다. 복근이 약한 사람은 목 뒤에 깍지 낀 손을 풀어서 양 허벅다리를 잡고 일어난다. 다시 누울 때는 요추의 전만을 줄이기 위해 완전히 눕지 않고 30~40°까지만 누웠다가 다시 일어난다. 이때 억지로 일어나기 위해 몸을 좌우로 흔들거나 엉덩이를 들어서 반동을 이용하지 않도록 주의한다.

2) 요추 후만증 치료를 위한 운동

(1) 매달리기

양손을 어깨 너비만큼 벌려서 기계 상단에 고정된 손잡이를 잡는다. 양발을 뒤로 쭉 빼서 발가락 끝이 바닥에 닿게 무릎을 굽혀 조절한다. 허리를 최대한 앞쪽으로 내민 동작을 약 10~15초 정도 실시한다.

(2) 엎드려서 무릎 굽혀 당기기

하단 추 고리에 걸린 띠를 발목에 걸고 기계로부터 적당한 거리를 두고 양팔의 전완을 바닥에 대고 엎드린다. 이때 가슴이 바닥에 닿지 않도록 잡아당겼다가 추를 따라 하퇴를 곧게 펴서 시작 자세로 간다. 약 10~15회 정도 반복 실시한다.

(3) 엎드려서 다리 펴 위로 들기

무릎과 팔을 펴고 가슴이 바닥에 닿도록 엎드린다. 가능한 한 팔과 다리를 쭉 펴고 위로 들어 요추가 안으로 휘는 자세를 만든다. 이 운동은 대둔근과 척추 기립근의 발달에 효과적인 운동이다. 약 10~15회 정도 반복 실시한다.

3) 일반적으로 행해지는 요통의 3대 운동

(1) 윌리엄 운동(William's exercise)

윌리엄 박사(Dr. Paul. C. William)가 창안한 운동으로, 요추 전만증이 있는 사람이 실시하며, 요추 전만증의 감소와 대둔근 및 하복부근을 강화시킬 목적으로 실시한다.

① 골반 후방 경사 운동
㉠ 목적: 대둔근과 하복부근을 강화시킨다.
㉡ 방법: 위를 보고 바로 누운 자세에서 무릎을 구부리고 배에 힘을 주어 허리가 바닥에 닿도록 한다. 양발을 엉덩이 쪽으로 끌어당겨 골반을 최대한 위로 들어 올린다. 양손은 배에 얹고 배를 아래쪽으로 민다. 어깨는 바닥에 고정시킨다.

② 윗몸 일으키기
㉠ 목적: 복부근육을 강화시킨다.
㉡ 방법: 위를 보고 바로 누운 자세에서 양 무릎을 구부린다. 양팔을 펴서 머리 위로 올린 다음 윗몸을 일으킨다. 억지로 일어나

기 위해 허리를 위 아래로 움직여 반동을 주지 않도록 한다.

③ 무릎을 가슴으로 가져가기
㉠ 목적: 허리의 근육을 신장시킨다.
㉡ 방법: 위를 보고 바로 누운 자세에서 양쪽 무릎을 구부리고 양
  팔을 무릎 밑을 잡고 가슴 쪽으로 잡아당긴다. 이때 다리를 벌
  려 대퇴가 가슴에 닿지 않도록 한다.

④ 무릎 펴고 앉아 허리 앞으로 굽히기
㉠ 목적: 허리근육과 대퇴의 뒤쪽 근육을 신장시킨다.
㉡ 방법: 무릎을 펴고 앉은 자세에서 허리를 앞으로 굽혀 양손이
  발끝에 닿도록 한다. 이때 허리나 대퇴 뒤쪽 근육이 심하게 통
  증을 느끼게 되면 한쪽 다리의 무릎을 구부려 세우고 실시하면
  통증이 감소될 수 있다.

⑤ 엎드려 한 다리 뻗기
㉠ 목적: 고관절 굴곡근·대퇴인대·대퇴근막 등을 신장시킨다.
㉡ 방법: 양손을 바닥에 짚고 엎드려 팔굽혀펴기 자세를 취한다.
  거기서 한쪽 다리를 구부려 가슴 아래쪽에서 바닥에 대고 다른
  한쪽 다리는 쭉 펴서 엄지발가락에 체중이 실리도록 한다. 구부
  린 다리를 위아래로 반동을 준다. 이때 뻗친 다리의 대퇴 앞뒤
  가 늘어나는 것 같은 느낌이 들어야 하며 무릎을 구부려서는
  안 된다. 반대쪽 다리도 같은 방법으로 번갈아 가며 실시한다.

⑥ 쪼그려 앉고 일어서기

㉠ 목적: 요천추 굴곡의 회복과 대둔근 및 대퇴 사두근의 근력을 강화시킨다.

㉡ 방법: 똑바로 선 자세에서 양발을 어깨 너비만큼 벌리고, 양 발목을 바깥쪽으로 30° 정도 벌린다. 양팔을 앞으로 펴고 체중이 양쪽 뒤꿈치에 실리도록 하여 그대로 쪼그려 앉는다. 양팔은 편 상태로 무릎 사이에 넣는다. 일어설 때는 앉은 자세에서 무릎을 펴면서 같은 자세로 일어난다. 운동이 진행되는 동안 허리는 뒤로 젖힌 상태를 유지하여야 한다.

(2) 엠브라스 운동

이 운동은 요추 신전(exercise)을 위주로 한 요통이나 추간판 탈출증에 대한 보강운동이다. 환자가 할 수 있는 가장 쉬운 운동부터 시작하여 각 운동을 5회씩 실시하며 근력이 증가하면 그 횟수를 증가시킨다. 다음 운동으로 넘어갈 때 적당한 휴식시간을 두고 참을 수 있는 범위 내에서 통증을 느끼는 정도를 지나는 범위까지 운동한다. 5~6가지 운동을 하고 나서 복식호흡을 한다. 운동 중이나 휴식 시에는 길이 50cm, 폭 10cm, 두께 5cm 되는 베개를 허리 밑에 넣어 요추 전만을 유지해 준다. 이 프로그램에는 요추의 굴곡 운동이 없는 것이 특징이다.

① 똑바로 누운 자세에서의 운동

② 엎드린 자세에서의 운동

③ 네 발 기기 자세에서의 운동

④ 무릎 서기 자세에서의 운동

Part 10
운동처방의 이해

1. 운동처방의 원리

1) 운동부하검사 시 주의사항

(1) 사전검사

운동부하검사를 실시하기 전에 건강상태를 평가하기 위한 기본적인 자료, 운동부하검사의 실시 여부를 결정, 운동부하 및 운동처방 시 고려해야 할 상황으로 적절한 운동부하방법의 결정, 종합적인 의료검진의 필요성 결정 등을 위해서 건강상태의 전체적·기본적인 평가가 실시되어야 한다.

(2) 검사동의서

피험자는 운동부하검사 전에 검사동의서에 서명해야 한다. 검사동의서는 운동부하검사에 대한 자세한 설명과 검사 중에 일어날 수 있는 위험요인들, 그리고 감사를 통해 예상되는 이익 등을 포함하고 있어야 한다.

(3) 심전도기록

심전도란 심장에서 발생한 활동전압이 시간의 흐름에 따라 변화하는 것을 기록한 것이다. 심장박동은 외부 신경지배 없이도 심방수축, 심실수축, 충만기의 순서로 정상 시와 마찬가지로 계속된다.

(4) 운동부하검사 시 절대 금기사항 및 준금기사항

누구나 운동부하검사를 받을 수 있는 것은 아니며, 사람에 따라서는 운동이 치명적인 것이 될 수도 있다. 그러므로 운동부하검사 중에 발생할 수 있는 위험도가 높은 사람은 검사에서 제외해야 한다. 미국 스포츠의학회에서 제시한 운동부하검사에 대한 절대 금기사항과 준금기사항을 나타낸다.

(5) 운동부하검사의 중단요건

운동부하검사가 환자에게 적절한 수준이거나 고도로 훈련된 선수에게 맞추어 실시되거나 간에 그 결과는 종료 시의 신체적 부하에 해당하는 에너지 동원 능력과 체력수준에 달려 있다.

2. 운동부하검사

1) 사전준비

검사에 앞서 피험자가 주의해야 할 사항은 운동부하검사에 지장을 줄 수 있는 심한 신체활동을 삼가야 하며, 모든 음식은 최소한 검사 2~3시간 이전에 섭취하여야 한다.

2) 최대 운동부하검사

최대 운동부하검사는 피험자가 완전히 지쳐 더 이상 운동을 수행할 수 없는 피로상태까지 검사를 실시하여 피험자의 최대산소섭취량 또는 최고 운동수행능력을 측정하는 방법이다.

3. 체력검사 시스템

1) 운동부하검사

(1) 트레드밀 검사
(2) 자전거 에르고미터 검사
(3) 암 에르고미터 검사
(4) 스텝 테스트

2) 체력 검사 종목

(1) 근력 및 근지구력
① 근력: 악력, 배근력, 복근력, 각근력
② 근지구력: 팔굽혀펴기, 윗몸일으키기, 턱걸이 등

(2) 순발력
① 힘과 스피드의 관계(반비례)
② 제자리높이뛰기, 제자리멀리뛰기, 단거리달리기

(3) 심폐지구력

① 최대산소소비량 중요 지표

② 1,000m, 12,000m, 2,000m, 12분 달리기

(4) 유연성

① 운동의 효율성, 상해예방에 중요

② 윗몸 앞으로 굽히기, 윗몸 뒤로 일으키기

(5) 비만도

① 신체의 구성성분 비율(체지방율%)

② 정상치: 남－15～20%, 여－20～25%)

③ 수중체중 측정법, 피부두겹법(skin－folder), 신체부위 둘레 측정법

4. 운동처방

운동처방(Eercise Prescription)이란, 체력 증진을 위해서 어떤 운동을 어떻게 할 것인가를 계획하는 과정이다. 따라서 운동처방은 사람마다 다른 현재 체력 수준을 기초로 하여 운동강도, 운동시간, 운동빈도 등 3가지 요건을 적절히 배분하는 것이다. 운동처방의 내용은 운동형태(Modes of exercise), 운동강도(Itensity of exercise), 운동시간 (Duration of Exercise), 운동빈도(Frequency of Exercise) 및 운동단계 (Rate of Exercise)로 구성된다. 따라서 효율적인 신체활동은 작업능률에서뿐만 효과적인 삶을 영위하는 데 있어서 중요한 삶의 매개체가 될 것이다. 사람의 특성에 따라 생리학적 측정, 해부학적 측정 및 전신,

체력 측정으로 구분하여 성, 연령, 체질, 운동경험, 생활환경, 식생활 등을 종합 검토하여 진단하여야 한다.

〈그림〉 운동처방 단계

1) 운동강도

운동강도는 운동의 질을 결정하는 중요한 요인인데 운동강도를 어떻게 결정하는가에 따라 건강에 유익하기도 하고 해치기도 한다.

> 220−당신의 연령＝최대 심박수
> 최대 심박수−안정 시 심박수＝예비 심박수
> 예비심박수×0.6(하한 운동강도)＋안정 시 심박수＝하한 목표심박수
> 예비심박수×0.75(상한 운동강도)＋안정 시 심박수＝상한 목표심박수

2) 운동빈도

운동빈도는 운동지속 시간과 마찬가지로 중요한 의미를 갖는다. 20분 달리기를 1주에 한 번 또는 2~3주에 한 번 한다면 별 효과를 거둘 수 없다.

3) 운동시간

시간은 강도와 별개의 것이 아니며 두 요소는 상호 영향을 미친다. 미국스포츠의학회(ACSM)는 시간의 적정 범위를 20~60분으로 추천하고 있다. 심폐계의 변화는 강도가 높을 때 20분의 시간으로 이루어질 수 있다.

4) 운동기간

운동기간이란 운동효과를 증대시키기 위하여 운동 프로그램의 조정 시기가 언제인가를 검토하여 계획된 운동 프로그램을 수행하는 기간, 즉 운동을 프로그램을 변경시키기 전까지의 기간 또는 특정 운동 프로그램을 통해 체력의 향상이 더 이상 이루어지지 않는 정체기간까지를 말한다.

5) 운동형태

운동의 형태는 걷기, 조깅, 수영, 자전거 타기 및 에어로빅 체조 등이 바람직하다.

5. 운동프로그램의 단위

1) 1일 프로그램
2) 주간 프로그램

6. 운동단계

1) 초기단계

진행할 운동 프로그램의 시작과정으로서 운동 요령 또는 방법의 습득, 운동 중 발생할 수 있는 부작용의 최소화, 참여운동에 필요한 근육 및 신체기관의 강화를 목적으로 실시하는 일견의 적응과정이다.

2) 발달단계

운동 프로그램의 중간 과정으로 최대한의 운동효과를 추구하기 위하여 실시하는 적극적 운동단계이다.

3) 유지단계

운동 프로그램의 마지막 과정으로서 향상된 건강체력을 지속적으로 유지하기 위하여 실시되는 운동단계이다.

4) 운동 프로그램 시 유의사항

(1) 실현 가능한 운동 프로그램을 작성한다.
(2) 초보자는 체력향상보다는 운동 그 자체에 초점을 맞춘다.
(3) 체력향상은 참가자의 유전적 요인들에 따라서 제한될 수 있으므로 체력향상 목표를 위해서는 유전적인 사항을 먼저 검사한다.

(4) 체력향상 목표와 체력유지 목표를 정한다.

(5) 운동프로그램 목표들을 계획표에 작성한다.

7. 맞춤운동종목의 원리

운동종목마다 각기 다른 특성을 가지고 있으며, 그 특성에 따라 운동의 효과가 다르게 나타난다. 따라서 자신의 몸에 맞는 운동종목을 선택해야 운동의 효과를 제대로 볼 수 있다. 이것이 특이성의 원리이다. 예를 들면, 조깅은 심장과 폐의 기능을 높이고 심폐지구력을 강화시키는 데 아주 좋은 운동이다. 하지만 조깅을 열심히 한다고 해서 근력이나 유연성이 길러지지는 않는다. 운동종목을 정할 때는 다음과 같이 여러 가지를 종합적으로 고려해 결정해야 한다.

1) 목적에 따른 운동종목의 결정

성인병 예방과 치료, 건강증진을 목표로 한다면 유산소운동을 선택한다. 그러나 무산소운동은 순간적으로 힘을 내거나 움직이는 운동이다. 힘껏 역기를 든다거나 100m 달리기를 전력 질주하는 것 등을 들 수 있다. 유산소운동에 비해 오랜 시간 운동을 지속할 수 없으며, 한꺼번에 많은 힘을 쓰기 때문에 산소의 소비가 거의 이뤄지지 않는 것이 특징이다. 따라서 성인병 예방이나 건강증진을 위해 무산소운동에 주력하는 것은 의미가 없다. 이처럼 운동의 목적을 고려하지 않더라도 운동을 처음 시작하는 단계에서는 신체가 산소의 공급을 충분히 받는 유산소운동을 하고, 차차 운동능력이 발달되면 무산소운동을 곁들이는 식으로 운동을 실시해야 한다.

2) 체형에 맞는 운동종목의 결정

몸이 뚱뚱한 사람이 다이어트를 목표로 한다면 열량소모효과가 큰 유산소운동을 주로 해야 한다. 무산소운동에 비해 유산소운동은 체내의 지방소비율이 높기 때문이다. 하지만 너무 뚱뚱해서 자칫 관절이 상할지 모르는 위험성이 있을 정도라면 종목 선택에 더욱 신중을 가해야 한다. 걷기에 비해 테니스가 단위시간당 열량 소모량이 크지만, 먼저 몸의 상태를 고려해서 운동종목을 선택해야만 운동상해를 피할 수 있다.

비만자는 걷기 운동부터 시작하여 심폐기능을 물론이고 전신의 근육, 관절, 특히 발목과 무릎의 힘을 기르는 동시에 체중감량을 하는 것이 순서이다. 또 한 가지는 대퇴나 허리 등의 특정 부위에 대한 비만을 해소하기 위해 그 부위만 집중적으로 운동하는 것은 좋지 않다. 물론 전혀 의미가 없다고는 할 수 없지만 지속적인 전신운동인 유산소운동과 병행하지 않는다면 제대로 살이 빠지지 않는다.

3) 표준체형의 건강증진 효과

한 번의 운동에서 최소한 유연성, 심폐지구력, 근력의 이 세 가지 체력 요소를 높일 수 있는 방향으로 운동 프로그램이 만들어져야 한다. 좀 더 구체적으로 먼저, 5~10분 정도의 준비운동이 필요하다. 준비운동으로는 팔을 위로 뻗거나, 허리를 앞뒤로 젖히거나, 다리를 벌리고 눌러 주는 등 몸을 풀면서 유연성을 높이는 스트레칭 체조가 흔히 쓰인다. 그다음으로는 심폐지구력을 강화하는 유산소운동을 한다.

20~30분 정도 열심히 걷거나 수영, 테니스, 자전거 타기 등의 운동을 하면 된다.

유산소운동이 끝나면 기구를 이용한 웨이트 트레이닝이나 맨손으로 할 수 있는 여러 가지 근력 운동을 약 15~20분 해 준다. 마지막으로 10~15분 정도 정리운동을 하는데, 여러 가지 스트레칭 동작을 해 주면서 유연성을 기르도록 한다.

4) 운동종목의 변화

심폐지구력이나 근력이 그런 대로 정상수준에 올라 있고, 어느 정도 운동이 생활화되었다면 그 밖의 체력 요소를 기르는 운동종목을 병행한다. 예를 들어 일주일의 4일 동안 조깅과 웨이트 트레이닝을 하고 있는 경우라면 그중 1~2일 정도는 전신운동이면서 순발력이나 민첩성을 기르는 효과가 있는 농구, 탁구, 축구, 테니스, 배드민턴, 배구 등을 하거나, 평형성과 유연성을 기르는 체조나 댄스 등을 하는 것이 좋다.

5) 일상생활에서 결점보완을 위한 종목의 선택

일상생활에서 상체를 많이 쓰는 편이라면 하체 운동을 특별히 더 많이 해 주어야 한다. 현대인들에게 있어서 노동에서의 문제점은 전신운동이 되지 않고 어떤 사람은 손 운동만 하루 종일 하고, 또 어떤 사람은 한쪽 팔 운동만 계속하는 것이다. 또 정신적인 노동을 주로 하는 사람은 반드시 신체적인 활동을 일정하게 해 주는 운동이 필요하다. 육체노동자의 경우 충분한 휴식과 가벼운 워밍업으로 신체의 피로를 풀 수 있는 운동을 해 주는 것이 좋다.

6) 활동량을 고려한 종목의 선택

하루 필요한 열량은 크게 세 가지 타입으로 나누어 살펴볼 수 있다. 첫째, 육체적인 활동이 거의 없는 경우는 표준체중에 20~30kcal를, 둘째, 보통 정도의 활동을 한다면 표준체중에 30~35kcal를, 셋째, 심한 노동을 하는 경우는 표준체중에 35~40kcal를 곱하면 하루에 필요한 적당한 열량이다.

일일 필요한 열량이 계산되었다면, 자신이 평소 섭취한 음식의 열량을 빼고 남은 부분만큼의 열량은 활동이나 운동으로 소비시켜야 한다. 참고로 100kcal를 소비하는 운동을 살펴보면 보통 걷기가 35분, 빨리 걷기는 25분, 달리기(200m/분)는 10분, 에어로빅 체조는 2분, 계단 오르기는 15분, 줄넘기는 12분, 자전거 타기는 30분을 해야 하는 양이다. 이렇게 자신이 섭취한 음식의 열량과 일일 활동량을 고려하여 에너지를 효과적으로 소비하는 운동종목을 선택할 필요가 있다.

7) 건강에 맞는 종목의 선택

고혈압이나 당뇨병, 빈혈 등 지병이 있다면 이를 우선적으로 고려해 운동 종목을 정해야 한다. 예를 들어 고혈압이 있는 경우에는 호흡이 자연스런 운동을 하여야 하며, 무리한 웨이트 트레이닝이나 머리가 가슴 아래로 내려가는 동작은 피해야 한다. 또 아무리 해도 시간이 없는 경우라면 정식으로 운동할 시간이 날 때까지 기다리는 것보다는 틈틈이 체조를 하여 유연성을 기르고, 맨손으로 어디서나 할수 있는 팔굽혀펴기나 윗몸 일으키기, 턱걸이 등으로 근력 운동으로대체할 수 있으며, 또한 일과 중에 계단 오르기나 뒤로 걷기 또는 빨리 걷기 등을 실천해 나가는 것도 바람직한 방법이기도 하다.

8. 장기간 운동의 전략

건강을 얻는 것은 단거리 경주가 아닌 마라톤 경기와 비슷하다. 다시 말하자면 장시간 운동을 지속하는 것이 중요하다는 것이다. 규칙적인 운동은 인생에서 가장 중요한 단계를 밟고 있는 것이다.

운동 프로그램을 성실히 수행할 때 건강이라는 바람직한 효과가있다는 사실에 용기를 얻지만 그들 중 실제로 운동 프로그램을 장기간 수행하는 사람은 절반도 되지 않는다. 운동할 시간이 없다고 하고,또는 원하는 만큼 빨리 운동 프로그램의 성과가 나오지 않는다고 좌절한다. 흥미와 열정이 오래 지속될 때 이러한 부정적인 요소들이 프로그램에서 제거될 수 있다.

1) 규칙적인 운동 실시

자신을 위해서 규칙적인 운동을 할 수 있도록 운동에 대한 동기를부여해야 한다. 이것은 처음엔 단순해 보이지만 아주 중요한 사실이다. 즉 운동은 자발적이어야 하고, 시간을 투자해야 하며, 규칙적이어야 한다. 그러므로 운동은 일상생활에서 필요하고 관심 있는 다른 일들과 경쟁 관계에 있다. 운동에 대한 동기부여를 유지할 수 있는 방법에 대해 생각해 보자.

(1) 운동을 하는 이유와 방법에 관해 모든 것을 배워라.

(2) 가볍고 적당한 운동으로 부상의 위험을 최소화해야 한다.

(3) 단기간의 목표를 세우자.

2) 운동의 목표 설정

(1) 운동 목표를 세울 때 참고사항

① 목표는 도전적으로 설정하고, 현실적이어야 한다.

② 목표는 명확하게 잡아야 하며, 추상적으로 잡아서는 안 된다.

③ 단기적인 목표를 세워라.

(2) 개인관리 참고사항

① 모임에 참가하거나 친구와 함께 운동하자.

② 운동과정을 체코하기 위해 체력측정을 일정한 기간별로 실시하자.

③ 자기의 운동결과에 대한 진행과정 차트를 기록해라.

④ 적은 시간 동안 여러 번의 운동을 생각해 보자.

⑤ 운동시간표를 계획하자.

9. 유·무산소운동

1) 유산소운동

유산소운동은 신체가 산소를 충분히 섭취하면서 심장과 폐의 힘을 길러 혈액순환을 원활하게 하는 전신운동이다. 또한 신진대사과정에서 생기는 유해물질을 신속 정확하게 처리해 주는 운동이다. 체지방을 감소시키면 비만을 해소할 뿐만 아니라, 혈중 콜레스테롤 수치와 혈압을 내려 주는 효과도 있다. 그러므로 유산소운동을 하게 되면 거의 모든 질병에 대한 인체의 면역력을 기를 수 있다.

〈표〉 심박수의 종류 및 산출방법

안정 시 심박수	최대심박수	
안정상태에서 심박수를 측정할 수 있는 부위에서 1분간 심박수를 측정한다.	체력수준이 낮은 사람 220−연령	체력수준이 높은 사람 205−(연령/2)
가장 많이 쓰이는 운동강도방법으로 심박수, 산소섭취량, 운동 자각도, 최대 반복 횟수 등이 있다.	예) 최대심박수 산출 높은 체력수준(A)과 낮은 체력수준(B)인 40대 두 사람이 운동을 시작하려고 가정하였을 경우 A의 최대심박수: 205−40/2=185회/분 B의 최대심박수: 220−40=180회/분	
목표심박수	목표심박수＝운동강도(%)*(최대심박수−안정심박수)+안정심박수 체력이 좋을수록 운동강도 범위는 넓어지고, 체력이 낮을수록 그 범위는 좁아진다.	

<목표심박수 결정방법>
운동강도(%)＝(최대심박수−안정심박수)+안정심박수
초보자: 60%   운동＝0.6(177−75)＝136회/분
중급자: 70~80%   운동＝0.8(1777−75)+75＝157회/분

(1) 걷기(Walkin)

걷기운동은 다리근육의 발달뿐만 아니라 심폐지구력을 향상시키며, 언제 어디서나 쉽게 행할 수 있는 가장 간편하고 경제적인 운동이라는 장점 때문에 일반 성인들에게 권장할 수 있는 운동이다. 특히 부상의 위험이 적기 때문에 노인층이나 허약자 또는 오랫동안 활동하지 않았던 사람이나 비만인에게 좋은 운동이다.

① 준비운동

걷기는 발, 발목, 무릎에 충격을 주어 상해를 입힐 우려가 있기 때문에 이를 방지하고 운동을 효율적으로 행하기 위해서는 준비운동이 반드시 필요하다. 준비운동으로서 운동 전후에 스트레칭을 실시하는 것이 좋으며 이는 유연성 향상에도 그 효과가 크다. 또한 운동 후에는 근육의 긴장과 피로를 풀기 위해 간단한 정리운동을 해야 한다.

② 걷기방법

허리를 똑바로 세우고 배를 내밀지 않은 상태에서 반듯이 걷는 자세가 좋으며, 팔은 무리한 힘을 가하지 않고 자연스럽게 움직인다. 걷기에서 중요한 것은 발은 딛는 요령인데 발뒤꿈치가 먼저 땅에 닿고, 그다음 발 앞쪽으로 중심을 옮겨 가는 방법이 좋다. 발바닥 전체로 내딛었을 때는 쉽게 피로가 오고 발에 통증을 느끼기 쉽다. 걸을 때는 너무 보폭에 구애받지 말고 각자의 평상시 보폭으로 걷도록 한다.

③ 운동량 조절

걷기의 운동강도는 자신의 체력수준에 알맞도록 조절하는 것이 효과적이다. 효과적인 운동강도는 앞서 언급한 바와 같이 자신의 최고 심박수의 70~80% 정도이다. 운동 후 5~10분 동안 정리운동을 한 후에도 맥박수를 측정한다.

(2) 조깅

조깅은 심폐계에 적절한 자극을 주어 심폐지구력을 향상시킬 수 있는 전신운동으로서 걷기와 달리기의 복합된 형태로 이루어져 있다. 달리기는 특별한 기술이나 고도의 스피드를 필요로 하지 않으며 또한 장소에 구애받지 않고 어디서나 할 수 있으며, 기후조건에 크게 구애받지 않는다는 장점이 있다.

(3) 자전거 타기

자전거는 교통수단뿐만 아니라 체력증진을 위한 운동이나 하이킹과 같은 레크리에이션 활동에 널리 이용되고 있다. 자전거는 쾌적한 자연을 갈구하고 스피드를 즐기는 현대인에게 주말이나 휴일을 이용한 하이킹의 수단으로 이용됨으로써 피로를 풀고 스트레스를 해소하는 데 도움이 된다. 또한 달리기와 비슷한 체력증진효과가 있다. 이처럼 자전거는 달리기 운동에 비해 지루함을 덜 느끼고 즐겁게 실시할 수 있으며, 심폐지구력과 다리의 근력 및 근지구력을 향상시킬 수 있으므로 체력향상을 위한 운동으로 널리 이용되고 있다.

(4) 수영

수영은 온몸을 사용하는 전신운동으로 신체를 고루 발달시키는 운동이다. 걷기나 달리기와 마찬가지로 심폐지구력을 향상시키며 흥미를 가지고 재미있게 실시할 수 있는 장점이 있다. 그러나 수영장이라는 장소의 제한과 수영기술을 익혀야만 한다는 어려움이 있다. 근래에는 수영장 수가 증가되고 수영인구가 확산됨에 따라 이러한 어려움이 점차 해소되어 가고 있다.

(5) 등산

자연은 인간과 함께하며 인간이 결코 자연을 떠나서는 살 수 없다. 등산의 자연과의 끊임없는 대화이며 이러한 대화를 통하여 참다운 삶의 의미를 찾을 수 있을 것이다. 등산기술의 기초는 걷는 것이다. 걷기의 실시방법은 이미 앞에서 설명한 바 있다. 걷는 방법은 평지나 경사길, 계곡, 눈 위 등 장소나 기후여건에 따라 다소 다르지만 가장 중요한 것은 피로하지 않게 걷는 것이다. 피로를 줄이기 위해서는 보폭을 줄여야 하며, 내리막길에서는 가능하면 발 앞쪽부터 내딛어 몸에 오는 충격을 줄여야 한다.

2) 무산소운동

근력을 강화시키기 위하여 무거운 기구를 사용하는 웨이트 트레이닝은 여러 각도에서 신체 각 부분에 적당한 움직임과 강도 높은 운동을 실시함으로써 건강하고 균형 있는 신체를 가꾸는 운동이다. 특히 근력강화를 위해 강도 높은 운동을 필요로 하지만 다양한 운동방법을 통해 순발력, 근지구력, 전신지구력까지도 향상시킬 수 있는 체력 단련을 위한 바람직한 운동형태가 될 수 있다.

(1) 운동방법

웨이트 트레이닝 방법의 첫째 요소는 적절한 훈련으로 근력을 증가시키기 위해서 자신의 최대운동능력의 2/3에 해당하는 무게로 약 10~15회 반복운동을 실시하는 것이다. 이때 최대 운동능력이란 각 운동종목에서 1회만 겨우 들어 올릴 수 있는 웨이트 트레이닝 기구의 무게를 의미한다.

처음 훈련을 시작할 때는 한 가지 동작을 취하여 20~30초 동안 유지하여 2~3회 반복하며, 1~2세트 정도를 실시하는 것이 좋으나 근력이 차츰 증가하고 운동에 익숙해질수록 횟수와 운동기구의 무게를 높이는 것이 근력 향상에 좋은 방법이다.

(2) 휴식

운동 중에 종목이 바뀔 때와 세트와 세트 사이에는 적당한 휴식이 필요하며, 특히 운동 중에 피로감이 급격히 쌓일 경우 충분한 휴식과 함께 가벼운 기구를 선택하여 적은 횟수로 좋은 컨디션을 유지하는 것이 무엇보다 중요하다.

(3) 영양

웨이트 트레이닝을 통해 체력을 향상시키고, 멋진 몸매를 가꾸기 위해서는 운동과 휴식, 그리고 적당한 영양관리가 무엇보다 중요하다. 특히 운동을 통해 강한 근력을 얻기 위해서는 단백질의 섭취량을 늘리는 식사를 하는 것이 바람직하다. 강도 높은 운동을 실시할 때에는 단백질의 섭취량을 체중 1kg에 대해 적어도 2g 이상 섭취하는 것이 좋으며, 만약 단백질 섭취량이 부족한 상태에서 운동을 계속하면 빈혈 증상이 나타날 수 있다.

(4) 근력 및 근지구력 향상 운동의 강도 설정

RM은(Ropetition Maximum) 최대 반복횟수. 횟수를 말하지만 실제로는 중량을 의미하는 것이다. 아래표와 같이 RM을 추정하는 공식은 다음과 같다.

〈표〉 1RM 추정법

· 1RM = W0 + W1
· W1 = W0 * 0.025 * R
· W0: 충분한 준비운동 후 약간 무겁다고 생각되는 중량(7~8회 반복 가능한 무게)
· R: 반복횟수
예: 임의의 중량(40kg)을 선택하여 최대로 10회 반복했을 경우
☞ W1 = 40 * 0.025 * 10 = 10
∴ 1RM = W0 + W1 = 40 + 10 = 50kg

(5) 웨이트 트레이닝의 기본용어

웨이트 트레이닝을 신체 부위별 구분에 따라 운동방법을 분류해 볼 때, 전완(5종목), 상완(9종목), 가슴(7종목), 어깨(10종목), 배(11종목), 등(13종목), 대퇴(11종목), 하퇴(2종목), 목(2종목) 등 신체 9부위가 있으며, 이에 대한 운동방법은 총 70개 종목에 이른다. 따라서 처음 운동하는 사람의 경우 이름만 듣고서는 전문적이고 다양한 운동방법을 이해하기가 어렵기 때문에 웨이트 트레이닝에서 기본적으로 사용되는 대표적인 용어를 이해한다면 이름만 듣고서도 대체로 어떤 운동방법인지를 알 수 있을 것이다.

· Standing(서서 운동하는 자세)　· Seating(앉아서 운동하는 자세)
· Laying(누워서 운동하는 자세)　· Squat(구부려서 운동하는 자세)

- Bend(상체를 엎드려서 운동하는 자세)
- Sit-Up(윗몸일으키기)
- Press(밀어 올리는 자세)   - Pull(당기는 자세)
- Raise(일으키는 자세)   - Curl(끌어 올리는 자세)
- Extension(늘리는 자세)   - Rowing(노 젓듯이 운동하는 자세)
- Shrug(어깨를 움츠리는 자세) - Twist(비틀어서 운동하는 자세)

3) 운동의 종류

운동의 종류는 운동의 목적에 따라서 선별되어야 한다. 예를 들면, 심폐지구력을 향상시키기 위해서는 달리기, 수영 등과 같은 유산소운동을 실시해야 하고, 근력이나 근지구력을 향상시키기 위해서는 웨이트 트레이닝과 같은 저항운동을 실시해야 한다. 또한 신체의 균형이나 유연성을 발달시키기 위해서는 체조나 스트레칭 등을 하는 것이 더욱 효과적이다. 그리고 질병이나 개인적인 신체상황에 따라 운동 종류는 달라질 수 있다.

4) 운동의 강도

(1) 심폐기능에 자극을 주면서도 과도한 부담이 되지 않도록 안정 시 심박수와 최대심박수를 측정하여 목표 심박수를 측정한다.

(2) 심폐지구력의 향상을 위한 운동강도는 건강한 사람의 경우 최대 운동능력의 60~75%로 목표심박수를 정한다.

(3) 체력수준이 낮거나 운동 초보자인 경우에는 최대 운동능력의

40~65%가 적당하다.

5) 운동의 시간

(1) 운동강도와 운동시간은 반비례하여 강도가 높을수록 시간은 짧아진다.
(2) 준비운동과 정리운동을 제외한 본 운동시간은 20~30분 정도가 적당하다.
(3) 운동을 마친 후 1시간이 경과했을 때 심한 피로를 느끼지 않아야 한다.
(4) 체력수준이 향상되면 40~50분 정도로 늘려 나간다.

6) 운동의 빈도

운동은 규칙적이고 지속적으로 실시해야 하며 얼마나 자주 하느냐에 따라서 그 효과가 달라지므로 다음의 요소를 고려해야 한다.
(1) 최소한 1주일에 3회 이상은 운동을 해야 한다. 주당 4~5회 정도로 운동하는 것이 좋다.
(2) 걷기, 달리기, 웨이트 트레이닝 등의 체중부하운동은 격일제로 실시해야 관절과 근육에 과도한 무리를 주지 않는다.
(3) 주 5회 이상의 운동은 체중부하운동과 체중부하가 없는 운동을 교대로 실시한다.

〈표〉 운동처방의 기본요소와 관련 사항

항목	관련 사항
운동종류	근력 및 근지구력, 심폐지구력 향상, 유연성 증진
운동강도	최대심박수, 최대 산소섭취량, 자각도
운동량	일일 운동시간, 달린 거리 등
운동빈도	주당 운동횟수(3~7일간)
운동목적	체력 증진, 체력 유지, 여가활동 등
운동환경	실내체육관, 실외운동장, 수영장 등

Part **11**
응급처치 및
준비운동과 정리운동

1. 운동과 상해

규칙적이고 과학적인 운동을 실시하면 신체에 좋은 효과가 나타나지만 반면, 무리하거나 피로가 계속해서 동반되는 운동을 실시하면 신체에 위험이 뒤따르게 된다. 운동을 실시한다고 해서 반드시 신체에 유익하게 작용하지 않는다는 것이다.

1) 운동상해의 원인

(1) 준비운동이 충분하게 실시하지 않았을 때

(2) 실시하는 운동에 대해 정신적·신체적으로 지나치게 흥분했을 때

(3) 운동기술이 미숙할 때

(4) 과도한 운동으로 피로가 누적될 때

(5) 운동기구 시설 등 환경의 결함이 있거나 이를 잘못 사용하였을 때

2) 운동상해의 진단

(1) 상해가 일어나면 주위에 있는 동료자 혹은 환자 자신이 처치를 해야 한다는 사실을 명심해야 한다.

(2) 주위의 사람이나 환자, 자신은 상처가 일어난 부위에 적당한 조치를 취해야 한다.

(3) 상처 부위에 출혈이나 부종, 타박상 등의 상태가 있는지를 진단한다.

(4) 상처 부위를 조사하여 연조직이나 뼈에 파열이나 결함이 있는지를 진단한다.

(5) 상처 난 부위가 통증 없이 정상적으로 움직일 수 있는지를 진단한다.

3) 운동상해의 처치

발생되는 연조직의 상해 중 대부분의 타박상은 폐쇄성 상처라고 하는데 보통 타박상의 치료는 RICE법을 적용한다. RICE방법은 R은 휴식(Rest), I는 냉각(Ice), C는 압박(Compression), E는 환부높임(Elevation)을 뜻하는 것으로 각자의 처치 행동은 다음과 같은 방법에 의해 처치를 실시한다.

(1) 휴식(Rest)

운동이나 활동 중 상해가 일어났을 때, 적어도 1~2일 정도의 휴식을 취하는 것이 좋다.

(2) 냉각(Ice)

심하게 다친 연조직 상해 시 처치하는 방법으로 개방성 상처나 출혈이 멎지 않은 상해 시에는 실시하지 않는다. 대부분의 경우 냉각은 혈관이나 임파선으로 수축하여 혈액이 상처 부위에 모여드는 것을 억제함으로써 상처 범위를 제한시키고, 통증과 경련을 감소시키며, 부종과 염증을 줄이는 데 사용된다.

(3) 압박(Compression)

압박처치 행동은 냉각처치가 끝나면 바로 탄력 있는 붕대를 사용함으로써 이루어지는데 상처부위의 압박은 붓기를 억제하는 데 매우 효과적이어서 회복기간을 단축시키는 데 매우 효과가 크다.

(4) 환부높임(Elevation)

상처부위를 심장보다 높게 함으로써 출혈이 줄어들고 회복 시 제거되어야 할 부수물의 생성을 억제하는 효과가 있다. 수면 시에도 상처부위를 계속 높인 상태로 유지하며, 특히 다리를 높일 때에는 환자가 누워 있을 때 45도 이상의 각도를 유지하도록 한다.

2. 운동상해 종류와 예방

1) 운동상해의 종류

운동상해는 운동외상과 운동장해로 분류할 수 있다. 이때 운동외상은 운동을 실시할 때 발생하는 상해로 운동 중 한 번의 외력을 받아 외상이 생겼을 때를 말하며 염좌, 타박, 탈구, 골절 등의 상해가 전형적인 예이다.

(1) 운동외상

운동외상은 대부분 스포츠를 하는 사람이 운동에 임하는 자세에 따라 발생하는 경우가 가장 많다.

(2) 외상의 예방

① 운동 시 무리한 행동을 하지 않을 것
② 준비운동을 충분히 실시할 것
③ 병을 앓고 있거나 피로할 때는 운동을 실시하지 않을 것
④ 운동을 실시하기 전에 복장, 기구, 운동자의 관리를 잘 살펴볼 것
⑤ 모든 운동을 바른 자세로 실시할 수 있도록 자세 연습을 바로 실시할 것
⑥ 운동 시 환경을 점검하여 대처할 것

2) 운동장해

운동 시 발생되는 운동장해로서 흔히 테니스 엘보우, 요통, 척추분리, 무릎관절염 등이 있다. 특히 엘보우는 성장기의 야구선수와 테니스 선수에게서 많이 나타나며 최근에 골프 붐이 일어나면서 좋지 않는 자세에서 스윙 시 테니스 엘보우 장해가 자주 발생되고 있다. 운동장해를 예방하기 위해서는 운동 시 신체의 체력에 대한 적절한 관리가 필요하고 과학적으로 실시하도록 하여야 한다.

(1) 운동장해 구분

① 결관절 장해

② 허리관절 장해

③ 고관절 장해

④ 슬관절 장해

⑤ 다리 장해

(2) 운동장해 예방

① 충분한 준비운동으로 각 관절의 주변근을 풀어 준다.

② 완전한 동작이 이루어지도록 기초동작을 충분히 익힌다.

③ 운동을 수행할 수 있도록 체력을 육성한다.

④ 자신의 신체를 조절할 수 있는 신체 부위별 근력을 육성한다.

⑤ 운동 후 정리운동을 철저히 수행한다.

3. 운동상해 실제

1) 타박상

(1) 증상

겉으로 보이는 상처가 없더라도 피부출혈을 수반할 수도 있으므로 주의를 요하게 된다.

(2) 처치법

상해가 발생되면 빨리 멍든 부위에 얼음찜질을 해 주거나 혹은 그 부위를 찬물이 들어 있는 요기에 담가 조직으로 들어가는 피를 멈추어지게 하거나 양을 적게 들어가게 할 뿐만 아니라 상해부위가 부은 것도 빠지게 할 수 있다. 또한 팔이나 다리에 멍이 들었다면 이 부위를 몸의 높이만큼 높여 주고 다친 부위를 몇 시간 동안 안정시키도록 한다. 또한 팔이나 다리에 멍이 들었다면 이 부위를 몸의 높이만큼 높여 주고 다친 부위를 몇 시간 동안 안정시키도록 한다.

2) 골절

(1) 증상

골절이란 외부의 힘이 뼈에 강하게 가해졌을 때 뼈가 부러지거나 뼈에 금이 생기는 것이다.

(2) 처치

가장 먼저 상해가 발생되면 전신의 상태를 관찰하여야 한다. 이때 조금이라도 골절된 증상이 있으면 그 부위를 움직여서는 안 된다. 골절은 피부를 찢는 개방골절이라도 생명의 위험은 적기 때문에 처치 시 서두르지 말고 침착하여야 한다.

3) 발목염좌

(1) 증상

발목염좌는 대부분의 많은 경기종목 선수에서 가장 많이 나타나는 운동상해의 하나로 빠른 속도로 뛰다가 동작을 멈추고, 출발하고, 부딛힐 때 발목부위의 주변근에 무리가 생겨 근육이나 인대에 무리가 가해짐으로써 부상이 발생된다.

(2) 처치법

발목염좌가 운동이나 활동 시 발생되면 즉시 안정을 취하는 것이 가장 중요하다. 무리하게 움직이거나 환부를 만지면 상해부위가 자칫 더 심한 상태로 발전될 수 있기 때문이다.

4) 물집

(1) 증상

흔히 운동 중 발목이나 발바닥에 물집이 생기는 경우와 골프채, 테니스 및 배드민턴 라켓을 처음 사용하는 경우에 손에 물집이 생기는 것을 경험하게 된다.

(2) 처치법

물집이 발생되면 물집이 발생되지 않도록 바르게 신발을 신는 방법 및 고르는 방법과 입술에 물겁이 생기었을 경우 인삼차와 황기차을 꾸준히 마시는 것이 좋다. 행동을 조치하는 것이 효과적이다.

5) 근육경직

(1) 증상

근육경직은 일종의 격심한 근수축이라고 할 수 있다. 이러한 근육

경직은 운동 중에 많이 발생하는데 휴식 중에도 발생하는 경우가 흔하다. 일반적으로 장딴지가 근육경련이 가장 많이 발생하는 부위이며 근육경련은 신체의 어느 부위에서나 발생하지만 피로에 의해 자주 발생된다.

(2) 처치법

① 땅에서 경직이 일어나면 안전한 장소로 옮긴 다음 신발을 벗기고 장딴지의 경우 발끝을 잡고 발등 쪽으로 굽히거나 경직 부위를 계속해서 마사지하는 것도 효과가 있다.

② 물에서 경직이 발생되면 발이 닿는 지역이라면 수영을 중지하고 육상에서 하는 방법과 동일하게 처치한다. 만약 깊은 물이라면 배영식으로 누워서 서서히 몸의 경직 부위를 풀어 주는 것이 효과적이다.

6) 코피

(1) 증상

코피는 비강점막 좀 더 정확하게 표현하면 비중격의 입구에서 약 1cm 안으로 들어간 부위인 키이셀바하에서 출혈하는 것이다. 코피가 나오면 딱딱한 솜뭉치로 지혈을 하는 경우가 많은데 이때 비점막을 손상시키는 경우가 많으므로 주의하여야 한다.

(2) 처치법

① 눕히거나 의자에 앉혀 머리를 약간 뒤로 숙인다.

② 밖으로 흐르는 혈액은 미지근한 물이나 거즈로 닦아 내며 구강 내 혈액은 입 쪽으로 밀어서 휴지로 닦아 낸다.

③ 환자를 안정시켜 흥분되지 않도록 한다.

④ 주위에 사람이 많이 있으면 격리시키다.

⑤ 편안하게 구강 호흡할 수 있도록 지도하며 계속되는 출혈은 지압이나 솜으로 막는다.

⑥ 피가 멈추더라도 20~30분간 솜뭉치를 빼지 않는다.

4. 응급처치

1) 응급처치의 기본

(1) 의식이 없을 때는 질식하지 않도록 옆으로 눕히고 기도를 통한 호흡이 이루어지도록 조치한다.

(2) 출혈이 심할 때는 압박 붕대나 지혈기구를 이용하여 과다한 출혈을 막는다.

(3) 기도, 소화 및 내장기관에 악영향을 미치는 독성 식품을 먹었을 때는 빨리 음식을 토하게 한다.

(4) 호흡이 멈췄을 때는 인공호흡을 실시한다.

(5) 탈구나 골절인 경우에는 움직이지 못하게 고정시킨다.

2) 응급처치로서 필요한 사항

(1) 상처받은 자리 및 주위를 직접 손으로 만지지 않는다.

(2) 출혈 있을 때에는 이에 대한 처치를 먼저 실시한다.

(3) 상처 부위에 이물질이 묻어 있거나 투입되어 있으면 제거가 가능하다면 빨리 처리하여야겠지만 어려울 때에는 의사에게 의뢰한다.

(4) 소독은 머큐로크롬이나 살균 소독액 등에 의한 1차 처치만 실시하고 그 외 처치는 가능한 삼가는 것이 좋다.

(5) 전신상태, 특히 내출혈이나 다른 부분의 부상이 있는지를 주의 깊게 살핀다.

(6) 외상과 쇼크에 충분한 주의를 하고 보온에 유의한다.

(7) 심한 동통은 가능한 한 빨리 의사에게 인도한다.

3) 환자 발생 시 주의사항

(1) 당황하여 서두르지 말 것

(2) 떠들지 말 것

(3) 바르면서 침착하게 상황을 확실히 파악할 것

(4) 환자의 전반적 상태를 파악할 것

(5) 처치의 순서를 적절하게 결정할 것

(6) 주위 사람들의 잡음에 말려들지 말 것

(7) 환자에게 되도록 가까이 있을 것

(8) 환자의 상황을 정확히 의사에게 보고할 수 있도록 필요한 사항을 메모할 것

4) 응급처치의 방법

(1) 지혈법

혈관이 파괴되어 혈액이 밖으로 나오는 것을 출혈이라 한다. 부상을 당하면 많은 경우 그 부위에서 출혈되나, 그 양상과 응급처치의 방법은 모세혈관, 동맥, 정맥 등 출혈하는 부위의 혈관에 따라 다르다.

① 직접 지혈법

상처받은 자리를 거즈나 손수건 같은 것으로 직접 누르는 방법으로 가장 확실한 방법이다.

② 간접 지혈법

상처받은 자리보다 위쪽에서 혈액의 흐름을 손을 이용한 지혈법이 이용된, 즉 지혈점으로 손으로 누르면 상처받은 자리의 출혈이 멎는 원리를 이용하는 것이다.

③ 지혈대에 의한 지압

주로 손발에서 단시간에 상당량의 진홍색 출혈이 나타날 때에 실시하는 지혈법이다.

(2) 환자 운반법

보다 빠른 임상의사에 의한 치료가 요하는 상처가 발생될 때 환자에게 고통을 주지 않도록 조심하면서 안전하고 신속하게 운반한다. 이때 환자의 운반을 구급차로 하는 것이 가장 좋지만, 상황이 그렇지 못할 경우 주변상황, 환자의 상태 등을 고려하여 들것을 이용하거나 업거나 안아서 옮긴다.

(3) 소생법

① 인공호흡법

사람은 호흡으로 공급받지 못하면 3~5분 내에 사망한다. 따라서 사고 시에 인공호흡법을 빨리 실시하면 그만큼 소생률이 높아진다. 인공호흡이란 물에 빠지거나 가스중독 등으로 인하여 호흡이 멈춘 경우에 인공적으로 폐를 활동시켜 차차 자기 힘으로 호흡을 할 수 있도록 하는 응급처치이다.

② 심장마사지
㉠ 환자를 반듯하게 눕힌다.
㉡ 시술자는 환자의 옆에 무릎을 구부려 앉고 환자의 흉골 하부에 서 1/3 되는 곳에 양손을 놓는다.
㉢ 가슴이 3~4cm 들어가게 자기 체중으로 압박하고 곧 손을 뗀다.
㉣ 이상의 동작을 성인에게는 1분에 50회 정도, 소아에게는 60회 정도 반복한다.
㉤ 이 방법으로 환자가 소생할 때까지 계속한다.
㉥ 보온에 유의하고 수족의 마사지를 동시에 하면 효과가 있다.

(4) 응급처치의 실제

① 외상의 상처

㉠ 벤 상처: 날카로운 칼이나 유리 조작 등에 베었을 때 살갗뿐 아니라 뼈에까지 상처를 입는 경우가 있다.

㉡ 찔린 상처: 찔린 상처는 겉으로 보기에 괜찮을 것 같아도 깊은 경우가 있다. 출혈은 적으나 파상풍 등의 병원체에 감염될 위험이 많고, 또 상처를 그대로 내버려 두면 환부가 곪기 쉽다.

㉢ 타박상: 타박상을 입으면 심한 통증과 부기가 있으며, 내출혈이 일어나는 경우도 있다.

② 골절 염좌 탈구의 처치

㉠ 골절: 외부에서 큰 힘이 가해져 뼈가 부러진 상태인데, 단순히 뼈가 부러지거나 금이 가는 골절이 있는가 하면, 부러진 뼈가 피부 밖으로 튀어나오는 골절도 있다. 골절이 되면 골절 부위가 붓고, 피부 형태가 삐뚤어지며 심한 고통을 받으므로 환부에 부목을 대고 고정시킨다.

㉡ 염좌 탈구: 염좌는 관절에 무리한 힘이 가해져서 관절이 삐는 것으로 인대가 늘어나거나 완전히 끊어진 상태를 말하며, 탈구는 염좌가 심해져 관절이 서로 어긋나는 상태를 말한다.

③ 뇌빈혈, 뇌진탕, 일사병의 처치

㉠ 화상: 불이나 뜨거운 물 등이 몸에 닿아 피부나 체내 조직이 부상을 입는 것을 말한다.

- 환부를 청결히 하고, 약을 성급히 바르지 않는다.
- 환부를 10~20분간 물로 적시면서 식혀, 될 수 있는 대로 빨리 피부로부터 열을 제거하도록 한다.
- 물로 식히면서 의복을 벗긴다.
- 물집이 생겼을 경우에는 터뜨리지 말고 의사의 치료를 받는다.

ⓛ 동상: 추위로 인해 피부나 내부 조직에 혈액이 운반되지 않아 그 부위가 얼어서 상하는 것을 말한다.

- 환자를 따뜻한 장소로 옮긴다.
- 피부가 새파랗게 되었을 때에는 약 38C의 온수에 충분히 담근다.
- 제1도이면 환부를 소독한 다음, 소독거즈를 대고 붕대를 감는다.
- 제2도이면 소독, 제3도일 때에는 붕대만을 감으며, 전신 동상의 경우에는 담요 등으로 싸서 전신을 보온하고 빨리 전문의사에게 치료를 받는다.

5. 운동과 안전대책

1) 운동과 안전

운동 시 안정된 상태에서 효과를 올리기 위해서는 먼저 자신의 체력에 대해 의학검사와 적당한 운동의 선택하는 데 신중하여야 한다. 자신의 체력과 수준에 맞는 운동을 선택하려면 사전에 운동부하검사를 포함한 의학검사와 체력검사를 실시하여 그 사람의 건강상태와 체력수준을 파악하여야 한다.

2) 운동 실시 전의 안전대책

(1) 운동 전의 컨디션 점검

(2) 환경조건 점검

(3) 식후 2시간 이후의 운동전개

(4) 복장 및 신발

(5) 준비운동

3) 운동 중의 자기점검 및 안전대책

(1) 운동 중의 자기 점검

① 순식간에 피로감이 오며 누적된 피로가 많을 때

② 운동을 실시하기 전에 이마나 가슴에서 식은땀이 흐를 때

③ 머리가 아파 두통이 나고 어지러울 때

④ 호흡이 거세어 숨이 차고 구역질이 날 때

⑤ 운동을 실시하기 전에 맥박의 증가가 급하게 일어나고 가슴에 심한 동료를 느낄 때

⑥ 가슴에 통증과 압박감을 느낄 때

⑦ 배와 허리에 통증이 오며 대퇴나 비복부위에 강한 경련이 올 때

(2) 운동 후의 안전대책

① 운동 후의 자기점검

운동 후 조깅, 보행, 체조 등의 방법에 의해서 정리운동을 반드시

해야 한다.

② 정리운동

심한 운동을 갑자기 중지하면 구토감, 어지러움, 현기증 등의 증상이 나타나기도 하고 심한 피로가 남기도 한다. 이것은 운동에 의해 항진되어 있던 각종의 생리기능이 안정시의 수준으로 되돌아오는 과정에서 기능 상호간의 조화를 잃어버리기 때문에 일어나는 현상이다.

③ 목욕

운동 후의 목욕은 기분을 상쾌하게 할 뿐만 아니라 피로 회복을 촉진시키기 때문에 특히 땀을 많이 흘린 운동 후에는 빼놓을 수 없는 것이다.

④ 영양과 수면

운동활동 시 과학적인 운동 프로그램에 의해 운동을 실시하는 것이 중요하겠지만 이와 함께 격렬한 운동 후에 소비된 에너지를 보충하기 위한 충분한 에너지섭취, 즉 영양섭취는 매우 중요하며 이와 함께 휴식 또한 반드시 동반하여야 한다.

6. 준비운동과 정리운동

준비운동은 체온을 상승시켜 근육의 온도를 높이고 모세혈관을 확장시켜 피가 잘 순환되도록 촉진시킨다. 신체의 유연성과 관절의 가동성을 크게 하여 주 운동 시 부상 등의 운동상해와 급격한 운동에서 오는 통증을 방지해 준다. 근육 온도를 적정수준까지 올리기 위해서 5~10분 정도의 정적인 운동이 필요하다. 5분 정도는 걷기나 달리기를 한 후에 5분은 배근, 하지 부위의 정적인 스트레칭이 좋다. 이러한 준비운동과정은 본 운동의 적응을 위한 것이다.

정리운동은 운동의 마지막에서 필요하며, 이는 운동의 강도를 서서히 저하시켜 체내에 남아 있는 피로물질의 배출과 신체의 급격한 냉각으로 오는 현기증, 순환장애 등을 방지하기 위한 것이다. 운동 후 5분은 가벼운 조깅, 스트레칭 등으로 심한 운동 후에 발생할 수 있는 여러 가지 증상을 예방할 수 있다.

심한 운동을 갑자기 중지하고 안정 상태를 취하면 현기증 같은 여러 가지 증상이 나타난다. 이것은 운동에 의해 활성화되어 있던 생리 기능이 갑작스런 운동정지로 상호 간의 기능조화를 잃어버리기 때문이다. 그러므로 운동 후 2~5분간이라도 가벼운 조깅이나 보행 또는 체조로 정리운동을 하는 것이 좋다.

Part **12**

VVIP가 즐기는 스포츠
─ 구기종목, 라켓종목

Part 12. VVIP가 즐기는 스포츠 - 구기종목, 라켓종목	
중점학습내용	1. 구기종목 2. 라켓종목
Key word	정의, 역사, 비용

1. 구기종목

1) 축구(Soccer)

(1) 정의

주로 발로 공을 차서 상대편의 골에 공을 많이 넣는 것으로 승부를 겨루는 경기로 11명이 팀을 이루며, 골키퍼 이외에는 손을 쓰면 안 되고 주로 머리와 발을 사용한다.

(2) 역사(기원)

삼국사기에 의하면 신라에서 공차기 놀이가 있었는데 그 명칭이 '축국(蹴鞠)'이었다. 김유신과 김춘추가 이 놀이를 했는데 '농주(弄珠, 둥근 놀이기구)'를 가지고 놀다가 옷고름이 찢어졌다는 기록이 남아 있다.

정식 축구의 보급은 1904년 서울의 관립(官立) 외국어학교에서 체육 과목의 하나로서 채택하면서부터이다.

(3) 경기방법

축구는 출전 선수 11명씩 한 팀을 이루어 두 팀이 경기하며 일반적으로 전반전, 후반전으로 각각 45분, 총 90분으로 치른다. 연장전을 해도 승부가 나지 않으면 승부차기로 돌입하는데, 20세기 초반만 해도 재경기에 돌입했으나, 이 제도가 채택되면서 거의 모든 축구 대회에서 이 방법을 택한다.

(4) 운동효과

축구는 체력을 키울 수 있는 단체경기의 하나로 동료들과의 경기를 통해 바람직한 인간관계를 형성할 수 있도록 도와준다. 또한 경기 기술이 매우 다양하며 많은 양의 달리기를 필요로 한다. 경기 상황이 순간마다 새롭게 펼쳐지기 때문에 경기자는 자신의 판단에 따라 게임을 펼쳐 나가야 한다.

축구는 기술 연마 과정을 통하여 민첩성, 협응력 등을 양성할 수 있고 격렬한 게임을 통해 강한 지구력을 배양할 수 있을 뿐만 아니라 협동심, 책임감, 단결심, 희생정신 등의 사회성 육성에도 도움을 주는 운동이다.

2) 야구(Baseball)

(1) 정의

9명으로 편을 이룬 두 팀이 9회에 걸쳐 서로 공격과 수비를 번갈아 하여 거기서 얻은 득점으로 승패를 겨루는 구기이다. 공격 측은 타순에 따라 상대 투수의 공을 치고 1·2·3루를 거쳐 본루(홈)로 돌아오면 1점을 얻는다.

(2) 역사(기원)

개항지 인천에서 인천영어야학회에 다니던 일본인 학생이 1899년 2월 3일자 일기에 "학우들과 베이스볼이라는 서양 공치기를 하였다."라는 내용을 남겼는데, 한국에서 야구를 했다는 최초의 기록이다. 야구가 한국에 정식으로 도입된 것은 1905년으로 당시 선교사로 온 미국인 질레트가 황성기독교청년회 회원들에게 야구를 가르친 것이 그 시초이다. 한국 프로야구는 1982년에 6개의 프로팀이 구성되어 시작되었다.

(3) 경기방법

시간은 관계없고, 이닝이라고 하는 회(回)를 단위로 진행된다. 1회는 공격과 수비를 한 번씩 한 것을 이른다. 수비 측 선수는 지키는 자리에 따라 투수·포수·1루수·2루수·3루수·유격수·좌익수·중견수·우익수라고 한다.

(4) 운동효과

야구는 어느 포지션이든 공에 반응하여 경기를 하기 때문에 순발력이 좋아지며 팀원들이 다 같이 일사불란하게 움직여야 하며, 집중력을 발휘해야 타석에선 선수가 좋은 점수를 낼 수 있기에 팀워크가 필요한 단체 경기이다. 또한 날아오는 공에 최대한 집중해야 하기 때문에 집중력이 길러지며, 공을 던지는 동작이 기본이어서 근력이 필요하기 때문에 어깨 근력이 강해진다.

3) 농구(Basketball)

(1) 정의

바스켓을 공중에 매달아 놓고 볼을 넣으며 득점을 경쟁하는 구기 종목으로 한 팀이 5명으로 구성된 두 팀이 벌이는 스포츠이다. 두 팀이 서로 볼을 패스, 드리블, 슛하여 플레이를 함으로써 승부를 결정하되 신체적 접촉 없이 공격 방어를 하게 되어 있다.

(2) 역사(기원)

1881년 L. Glick 박사가 지시하여, 체육지도자로 재임 중이던 J. Naismith가 겨울철에 학생들이 운동할 수 있도록 실내경기로 창안하였다. 우리나라에는 서울중앙YMCA 초대 총무로 취임한 미국인 P. Gillet이 처음으로 소개하였다. 1920년 일본 동경유학생 기독청년회원과 서양인의 연합팀 간에 농구경기가 거행되었고, 이후 연례적으로 개최되었다.

(3) 경기방법

경기인원은 한 팀당 5명의 선수로 구성되며 선수의 교대에는 제한이 없다.

경기는 10분 4쿼터로 진행되며 하프 타임의 휴식시간은 15분으로 한다. 또한 작전상 필요에 따라 1분간의 작전타임을 전·후반 각 2회씩 가질 수 있다. 게임의 승패는 득점에 따라 결정하되, 동점일 경우는 1번 5분의 연장시합을 동점을 깨는 데 필요한 횟수만큼 시행한다.

(4) 운동효과

이 경기는 달리기, 뜀뛰기, 몸의 동작 등 운동의 기본적 요소를 가지고 있으므로, 신체의 각 부분을 균형 있게 발달시킬 수 있는 동시에 심장과 폐의 단련에 효과적인 운동이며, 정확성, 판단력, 지구력, 민첩성, 과감성 등의 기능을 발달시키는 데 알맞은 단체 구기운동이다.

또한 점프 동작으로 하체의 관절들의 성장에 필요한 자극을 주어 키와 체격을 키우는 것에 도움이 되며, 신속하게 대응하려면 빠른 판단력과 상대의 움직임을 예측하는 예측력을 기를 수 있다.

4) 배구(Volley ball)

(1) 정의

배구는 6명 또는 9명으로 구성된 2개의 팀이 네트를 사이에 두고 손으로 공을 치고받아 상대편 코트 안으로 떨어뜨림으로써 승부를 겨루는 경기이다. 기술이 간단하고 신체적 접촉 없이 누구나 손쉽게 할 수 있어 여가운동으로서도 적합하다.

(2) 역사(기원)

1895년 미국 윌리엄 모르간(Williams G. Morgan)이 고안해 세계 각국으로 보급되었다. 배구가 올림픽 종목으로서 채택된 것은 1961년 남자 배구가 아테네에서 열린 IOC 총회의 결정에 의하여 채택되었으며, 여자배구는 그다음 해 1962년 모스크바에서 열린 IOC 총회에서 채택, 1964년 日本 도쿄 올림픽대회부터 정식 종목으로 인정되어 오늘에 이르고 있다.

(3) 경기방법

상대편이 서브한 공을 땅에 닿지 않도록 해서 세 번 만에 공을 다시 네트 위로 넘겨 상대편을 공격하게 된다. 서브권을 가지고 있는 팀의 서브가 성공하거나 공격이 성공하면 1점 득점이 되고 그렇지 않으면 서브권을 상대편에게 넘겨준다. 먼저 15점을 얻는 팀이 1세트의 승자가 된다.

(4) 운동효과

배구는 팀을 이루어 하는 스포츠이므로 단결심과 협동심을 배양하는 데 도움을 줄 수 있으며, 시속 100km 정도의 날아오는 볼을 받아내기 위해 순발력 반복훈련으로 능력을 기를 수 있다. 또한 점프를 많이 하는 운동으로 성장판을 자극하여 청소년 성장에 도움을 주며 지속적인 운동인 배구는 노화방지, 혈액순환, 스트레스 해소 등 순기능이 있다.

5) 핸드볼(Handball)

(1) 정의

손만 사용하여 공을 상대편 골에 많이 던져 넣는 것으로 승부를 겨루는 경기로 7인제와 11인제가 있다.

(2) 역사(기원)

핸드볼의 효시는 고대 그리스에서 행해졌던 '하르파스탄'과 로마의 '하르파스톰'으로 알려져 있다. 그 당시는 깃털을 채운 가죽 주머

니를 여러 사람이 서로 빼앗아서 정해진 장소에 던져 넣는 경기였다.

우리나라에서는 1936년 일본에서 유학하고 돌아와 학교 교사로 있던 몇몇 사람들이 시작하였다.

(3) 경기방법

한 손에 쥐어지는 볼을 이용하여 두 팀이 골을 다투는 종목으로, 패스, 드리블, 인터셉트 등의 기술이 구사되며 빠른 스피드와 슛이 박진감 있는 주요 구기 스포츠이다. 1팀 7명으로 구성된 2개 조의 팀이 사이드라인 40m, 엔드라인 20m의 실내 코트에서 서로 볼을 쟁탈하며 상대방 골에 던져 넣어 득점을 얻는 방법으로 진행된다.

(4) 운동효과

달리고 뛰고 던지는 3요소가 포함된 전신운동으로 운동의 효과가 크며 좁은 공간에서도 할 수 있으며 특별한 시설이 필요 없어 대중적인 스포츠로 적합하다. 속공과 수비가 수시로 변화되는 가운데, 민첩성과 지구력이 길러진다. 경기 중에 선수 교체가 자유로워 체력을 적절히 조절할 수 있고, 협동심이나 책임감 등의 사회적 성격이 함양된다.

6) 럭비(Rugby union)

(1) 정의

15명을 한 팀으로, 타원형의 공을 상대편의 골에 찍거나 그것을 차서 크로스바를 넘겨 득점을 겨루는 경기이다.

(2) 역사(기원)

고대 그리스 및 로마에서 처음 시작되었으며, 근대 럭비는 영국에서 12세기경부터 청소년들 사이에 성행되던 풋볼에서 유래되었다. 한국에 럭비가 최초로 소개된 것은 1920년대 초이며, 본격적으로 싹트기 시작한 것은 1927년 봄부터이다.

(3) 경기방법

15명으로 구성된 두 팀이 1명의 주심과 2명의 터치저지에 의해 킥오프로 경기가 진행된다. 선수는 온사이드에 있는 한, 스크럼일 때와 태클이 있은 후를 제외하고는 언제라도 공을 잡을 수 있으며, 가지고 뛰거나 패스하고 녹하고 킥할 수 있으며 더 많은 점수를 얻은 팀이 승리한다.

(4) 운동효과

럭비의 특성은 한마디로 격렬한 신체 접촉이 이루어진다는 점이다. 공에 대한 지배권을 행사함에 있어서도 손과 발의 구분 없이 자유롭게 이루어진다는 점도 중요한 특성이라 할 것이다. 격렬함 때문에 난폭한 경기로 오인할 수 있으나 희생, 봉사, 협동, 심판에 대한 절대 복종 등이 내재되어 있는 신사적인 스포츠이다.

7) 탁구(Table tennis)

(1) 정의

나무로 만든 대(臺)의 가운데에 네트를 치고 라켓으로 공을 쳐 넘겨 승부를 겨루는 구기 경기이다.

(2) 역사(기원)

탁구는 그 역사나 기원이 정확하지 않은데, 중세 이탈리아의 '루식 필라리스'라는 놀이에서 변한 것이라 하기도 하고 15~16세기경 프랑스 궁전에서 행해진 '라파움(Lapaum)'이란 놀이가 변하여 탁구가 되었다고도 한다. 우리나라에 탁구가 도입된 것은 상세히는 알 수 없으나 1924년 경성일일 신문사가 제1회 탁구 경기대회를 개최하게 되면서 급격한 보급이 시작되었다.

(3) 경기방법

경기 방식은 개인전과 단체전으로 구분하여 실시되고 있으며 개인전에는 단식·복식·혼합복식이 있고, 단체전은 4단식·1복식·5전 편성방법과 5단식·2복식·7전 편성방법 또는 3인이 3번 겨루는 9단식 편성방법이 있는데 주최 측의 경기 방법에 따라 개인전 혹은 단체전이 달라진다.

(4) 운동효과

전신운동으로 다이어트 효과 및 폐 기능 강화 탁구에서 주로 동원되는 근육은 복근과 배근, 장딴지와 종아리 근육, 그리고 팔과 손목의 근육의 발달 직장인의 휴식시간을 이용하여 매일 30분 정도만 규칙적으로 실시해도 큰 운동효과를 얻을 수 있다.

2. 라켓종목

1) 배드민턴

19세기 전반부터 인도의 봄베이 주 후나 부근에서 하고 있던 '푸나'라는 게임이 1873년 인도에 주둔하고 있던 영국 육군 장교에 의하여 영국 본토에 전해졌다.

그로세스커셔 주에 있는 뷰포트경의 영저인 배드민턴에서의 홈 파티 석상에서 이 육군 장교는 푸나 게임을 소개하기 위하여 샴페인 병의 코르크마개에 날개를 붙인 것을 테니스라켓으로 테이블을 사이에 두고 주거니 받거니 쳐 보였다. 사람들이 이 놀이에 곧 열중하게 되어 새로운 스포츠가 탄생하게 된 것인데 이 스포츠의 이름을 영저의 이름을 따서 배드민턴으로 붙였다.

1934년에는 국제 배드민턴연맹이 창설되고 1948년부터 세계선수권대회가 시작되었다. 우리나라에는 8·15 해방 후에 이 스포츠가 들어왔다.

(1) 배트민턴의 경기방법

① 경기방법
복식, 혼합복식이 있으며, 3전 2선승제로 승부를 가린다.

② 경기규칙
세계배드민턴연맹은 2006년 5월 6일 일본, 동경에서 열린 정기총

회에서 '서브권'이 없어도 득점할 수 있는 '랠리포인트시스템'으로 배드민턴 경기규정을 변경하였다.

③ 경기자

배드민턴 경기는 남녀 단식과 복식 그리고 혼합복식으로 나누어지며 단식은 양편 각 1명씩, 복식은 양편 각 2명씩 조를 이루어 경기한다.

④ 토스

경기 전 양편이 토스를 하여 이긴 편이 첫 서브권 또는 코트 선택권 중 하나를 선택하게 되며 진 편은 나머지를 택하게 된다.

⑤ 스코어

㉠ 3게임(2게임 선취 시 승리)을 원칙으로 하며 한 게임 21점(초등부는 17점)을 선취한 편이 승리한다.

㉡ 해당 랠리에서 이긴 편이 득점한다(즉 서브권을 갖지 않은 편도 득점 가능함).

㉢ 20:20 동점(초등부－16:16)인 경우 2점을 연속하여 득점한 편이 승리하며 29:29(초등부－24:24)인 경우 30점(초등부－25점)에 먼저 도달한 편이 승리한다.

⑥ 코트변경

첫 번째 게임 종료 후와 세 번째 게임 시작 전 그리고 세 번째 게임을 할 경우 11점(초등부－9점) 선취 시 코트를 변경한다.

⑦ 서비스

올바른 서비스는 다음과 같은 자세에서 한다.

㉠ 서버와 리시버는 양편 서비스 코트 안에 대각선으로 서야 한다.

㉡ 셔틀은 서버의 허리 아래에서 쳐야 한다.

㉢ 셔틀은 리시버의 코트 안에 떨어져야 한다.

㉣ 셔틀을 치는 순간 라켓의 전체 머리 부분이 서버의 손 전체 부
　　분보다 확연하게 식별할 수 있을 정도의 아래에 위치해야 한다.

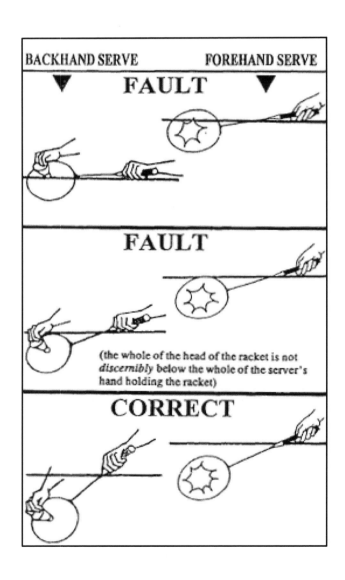

⑧ 단식 경기방식

㉠ 서버가 포인트를 얻지 못했거나 점수가 짝수인 경우는 우측에서, 점수가 홀수인 경우는 좌측에서 서비스한다.

㉡ 리시버는 서버의 대각선 위치의 코트에서 리시브한다.

⑨ 복식 경기방식

㉠ 서비스 및 리시브

· 서버가 포인트를 얻지 못했거나 점수가 짝수인 경우는 우측에서, 점수가 홀수인 경우는 좌측에서 서비스한다.

· 서버로부터 서비스 코트의 대각선 위치에 선 선수가 리시버가 된다.

· 리시버 쪽의 선수는 해당선수 쪽이 서비스하여 점수를 얻기 전까지 서로 코트 위치를 바꾸지 않는다.

㉡ 스코어링(Scoring) 및 서비스 권한

· 리시브 측이 폴트를 범하거나 범실에 의해 중단된 경우 서비스 측은 점수를 획득하며 서버는 다시 서비스를 한다.

· 서비스 측이 폴트를 범하거나 범실에 의해 중단된 경우 리시브가 편이 점수를 획득하며 리시버 쪽이 서버가 된다.

㉢ 서빙(Serving)

어떠한 게임에서도 서비스 권한은 아래와 같이 연속적으로 이어진다.

· 오른쪽 서비스 코트에서 경기를 시작한 최초의 서버로부터

· 선 리시버의 파트너에게로 넘어감. 이때 서비스는 왼쪽 서비스 코트로부터 시작

· 먼저 서비스한 편의 해당 점수에 부합되는 코트에 위치한 선수에게로

· 먼저 리시브한 편의 해당 점수에 부합되는 코트에 위치한 선수에게로 그리고 상기와 같이 반복된다.

⑩ 반칙(Faults)

다음의 경우 반칙이 선언된다.

㉠ 서비스가 올바르지 못할 경우

㉡ 서버가 서비스하는 도중 셔틀을 치지 못하고 헛스윙했을 경우

㉢ 경기 중 셔틀이 코트밖에 떨어지거나 네트 밑 혹은 네트 사이로 통과했을 경우

㉣ 셔틀이 네트를 넘어오기 전에 네트를 넘어 셔틀을 치거나 헛쳤을 경우(단, 셔틀이 네트를 넘어왔을 경우 셔틀을 치고 상대편 코트로 넘어가는 것은 허용됨)

㉤ 선수의 라켓 혹은 네트 이외의 다른 곳에 셔틀이 닿을 경우

㉥ 라켓이나 선수의 몸이 네트에 닿았을 경우

㉦ 셔틀을 연속적으로 두 번 이상 쳤을 경우

⑪ 레트(Lets, 경기중단 및 무효)

레트가 선언될 경우 바로 전에 서비스한 선수의 서브권은 그대로 유효하며 그 선수가 다시 서비스한다. 레트는 예기치 못한 우발적인 사고 및 행동이 발생하여 경기가 중단될 때 선언된다. 즉 리시버가 준비되지 않은 상황에서 서비스하거나, 경기 중 다른 코트로부터 셔틀이 들어와 경기를 방해할 경우 등 이다.

⑫ 경기의 연속적 진행규칙

㉠ 각 게임 중 한쪽 편이 11점(초등부−9점)에 먼저 도달할 경우 60초 이내 인터벌,

㉡ 1게임과 2게임 사이, 2게임과 3게임 사이에 120초 이내의 인터벌이 허용된다.

⑬ 어드바이스(지도) 및 코트에서의 이탈

㉠ 셔틀이 경기진행 중이 아닌 경우에만 선수는 경기 중 지도를 받을 수 있다.

㉡ 경기 종료 시까지 경기자는 심판의 동의 없이 코트를 떠날 수 없다.

(2) 배드민턴의 특성

배드민턴은 새의 깃털로 만들어진 셔틀콕과 라켓을 사용하여 남녀, 연령, 기술 정도에 구애받지 않고 누구든지 즐길 수 있는 운동이며, 초보자가 배드민턴을 할 때는 그들이 생각하는 것보다는 훨씬 격렬한 운동이다.

일반인들에게는 각자의 신체적 특징을 따라서 파트너를 선정하면 운동량이 쉽게 조절되므로 현재 배드민턴을 즐기는 동호인 수는 어느 종목보다 월등히 많다. 이러한 이유 중의 하나는 16세 경기자의 스피드와 순발력을 61세 경기자의 경험과 기교로 상쇄할 수 있는 몇 안 되는 운동 중 하나이기 때문이다.

테니스와 배드민턴의 운동량에 대한 실험 결과를 통계치로 제시한 (표 1)의 배경을 설명하면 다음과 같다.

테니스의 경우 1985년 전영선수권대회에서 보리스 베케(Boris Becker)가 케빈 케렌(Kevin Curren)을 3:1로 이긴 자료를 분석하였고, 배드민턴은 1985년 캐나다 캘거리에서 개최된 세계선수권대회에서 중국의 한지안(Han Jian)이 덴마크의 모튼 프로스트(Morten Prost)를 2:1로 제압한 자료를 분석한 것이다.

① 신체적 건강을 유지해 준다.

배드민턴 경기는 달리기, 도약, 몸의 회전 및 굴곡과 신전으로 이루어져 전신운동을 하게 됨으로써 우리 몸의 형태적인 변화는 물론 기능적인 변화를 가져다준다. 또한 신경계의 발달과 함께 호흡 순환계의 발달에 도움이 되고 내장기관을 튼튼하게 해 준다.

② 정신적 건강의 유지에 도움을 준다.

복잡해지고 기계화된 현대생활은 근원적인 인간의 활동 욕구를 충족시키지 못할 뿐만 아니라 극심한 스트레스를 주고 있다. 이러한 측면에서 배드민턴의 활동형태가 달리고 치는 동작으로 이루어져 있으므로 파괴적 욕구의 해소는 물론, 정신적인 스트레스를 해소함으로써 맑고 밝은 정서를 유지시켜 줄 수 있다는 것이다.

③ 사회적인 측면에 도움을 준다.

네트를 가운데 두고 신체적인 접촉 없이 행하여지는 운동경기로서 신사적인 인간성의 함양에 도움을 주며, 많은 인원이 필요하지 않으므로 가족, 직장 등의 집단 속에서 언제 어디서나 쉽게 행할 수 있어 훌륭한 인간관계를 형성하여 민주시민의 자질 함양에 도움이 된다는 것이다.

2) 스쿼시

(1) 기원/개념

스쿼시 라케츠(squash racquets)와 스쿼시 테니스(squash tennis)가 있는데, 보통 스쿼시라고 하면 전자를 말한다. 18세기 영국의 교도소에서 코트테니스(론테니스의 전신) 애호가들이 고안한 것으로 전해지는 라케츠(racquets)가 19세기 영국의 학교에 보급되어 라케츠로부터 스쿼시 라케츠가 생겼다. 이것이 미국으로 건너가 스쿼시 테니스를 탄생시켰으며, 1950년대에 라켓볼(racquet ball)이 고안되었다.

공의 크기·무게 등은 차이가 있지만, 테니스처럼 중앙에 네트는 없고, 벽으로 둘러싸인 코트에서 벽을 향해 공을 쳐서 주고받는다는 점에서는 서로 같다. '스쿼시'란 으스러진다는 뜻으로, 고무로 된 속 빈 공이 벽에 세게 부딪혔을 때에 으스러지는 듯한 소리가 나는 데서 비롯되어, 이것이 그대로 경기의 명칭이 되었다.

스쿼시 라케츠는 1850년경 영국 해로교(校) 학생들이 라케츠의 코트가 부족하여 대안으로 고안해 낸 것이다. 코트의 크기도 라케츠의 18.29×9.14m에서 9.75×6.4m로 좁아졌다. 라켓은 배드민턴 라켓과 거의 같은 크기며, 공은 지름 4.45cm, 무게 28.35g이다. 코트는 사방이 벽으로 되어 있어, 서로 공을 벽에 쳐서 주고받으며, 단식과 복식이 있다. 1게임은 15점으로, 영국의 규칙은 서버만이 득점하지만 미국의 규칙은 리시버도 득점할 수 있다. 스쿼시 테니스는 스쿼시 라케츠와 같은 코트에서 론테니스와 거의 같은 라켓과 공을 사용해서 하는데, 뉴욕 등의 한정된 지역에서만 행해지고 있다.

라켓볼은 사방이 벽으로 된 핸드볼 코트를 그대로 사용하며, 코트도 공도 스쿼시 라케츠보다 조금 크다. 1게임은 21점 선취로 결정되고 서버만이 득점한다.

(2) 역사/발전

측면세계 곳곳에서 스쿼시는 몇 가지 다른 방식으로 경기가 치러지고 있다. 미국 안에서는 훨씬 딱딱한 공과 다른 크기의 코트에서 '하드볼' 단식과 복식이 행해진다. '하드볼' 단식이 북아메리카에서 유명세가 꺾였지만('국제공인' 방식이 인기를 끌었기 때문), 하드볼 복식게임은 아직도 활성화되어 있다. 같은 크기의 공으로 하는 복식 경기 방식의 하나로서, 좀 더 넓은 코트에서, 좀 더 테니스 같은 방식으로 행해지는 스쿼시 테니스도 있다.

미국의 스쿼시 사촌 격인 라켓볼에 비해서 스쿼시는 상대적으로 작은 코트와 저탄성의 공이 점수를 내는 것을 어렵게 한다. 라켓볼과 달리 모든 공이 앞 벽 틴(tin) 위를 맞춰야 하기 때문에, 공은 쉽게 '죽을 수' 없다. 결과적으로 스쿼시는 랠리가 라켓볼에 비해 길어지는 경향이 있다.

대부분의 스쿼시 선수들은 자신과 생리학적으로, 정신적으로, 그리고 기술적으로 비슷한 동료를 선호한다. 이는 작은 능력의 차이라도 한 선수가 경기를 완전히 압도하게 만들기 때문이다. 현재 기술 수준을 평가할 수 있는 국제적인 표준안은 없는 상태이다.

스쿼시는 심혈관 운동으로서 매우 뛰어나다. 선수는 한 시간의 스쿼시로 700에서 1,000kcal 정도를 소모하는데, 이는 다른 대부분의 운동보다 많고 일반적인 테니스나 라켓볼에 비해서도 70% 이상 많다. 또한 이 운동은 양다리를 코트 안을 뛰는 데 사용하고, 팔·몸통은 라켓을 휘두르는 데 사용하여, 상하체 운동으로도 매우 좋다. 그러나 몇몇 연구에서는 스쿼시가 심각한 심장 부정맥(Cardiac arrhythmia)을 초래할 수 있다고 암시하였고 스쿼시는 심장 질환이 있는 노인에게 는 부적절한 운동이라고 주장하였다.

(3) 코트

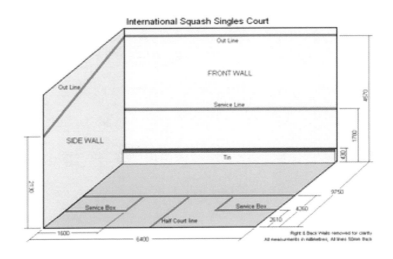

국제 스쿼시 단식 코트(세계스쿼시연맹 규정) 크기는 가로 6.4미터 (21피트) 세로 9.75미터(32피트)로 1920년대에 정해졌다. 앞 벽에는 4.57미터(15피트) 높이의 '프론트 월 라인'이 있고 여기를 넘어가면 '아웃'이 된다. 이 아웃라인은 뒷벽의 2.13미터(7피트) 높이의 아웃라 인까지 연결된다. 앞 벽에는 또한 1.83미터(6피트) 높이의 '서비스 라 인'과 0.48미터(18.9인치) 높이의 '보드'가 있다. 바닥에는 가로축의 '하프코트' 라인이 그려져 있고 뒤쪽의 '쿼터 코트'와 두 개의 '서비 스 박스'로 나뉜다.

미국 경기를 위한 전통적인 '아메리칸' 코트는(이제는 '하드볼 스 쿼시'라 불림) 비슷한 크기지만, 폭이 5.64미터(18피트 6인치)로 더 좁 다. 바닥과 벽 마킹이 '국제' 코트와 약간 다르며 틴이 15인치 높이로 더 낮다. 그러나 미국에서 하드볼 스쿼시는 소프트볼 방식의 표준 방 식의 스쿼시로 대체되었고 이제 거의 사라졌다.

'컨버티드 코트'는 라켓볼 코트를 스쿼시로 바꾸다 보니 생긴 것이 다. 라켓볼 코트는 20피트 너비에 40피트 길이를 가지므로, 뒷벽을 약 간 개조하여 20피트 너비에 32피트 길이로 스쿼시 코트와 비슷한 크 기로 만들어지게 된다.

(4) 장비

스쿼시 라켓과 공 '표준' 라켓은 경기 룰에 의해 정해져 있다. 전통 적으로 얇게 자른 목재(물푸레나무가 대표적임)로 만들고, 자연산 거 트(gut) 스트링으로 만든 작은 타격영역이 있다. 1980년대 중반에 룰이 바뀐 이후로, 이제 대부분 광물이나 금속(흑연, 케블라, 티타늄, 붕소) 과 인조 스트링을 사용하여 만든다. 현대의 라켓은 최대 68.6cm(27.0

인치) 길이에 21.5cm(8.5인치) 너비, 그리고 타격영역은 500cm²(근사적으로 90제곱인치) 넓이까지 허용된다. 무게는 최대 255g이지만, 대부분 110에서 200g 사이이다.

스쿼시 공은 두 조각의 고무를 붙여서 속이 빈 구형으로 만들고, 가죽으로 닦아서 윤기 없게 만든다. 온도와 기후 조건에 따라 다른 공이 사용되는데, 경험이 많은 선수들은 경험이 적은 선수들에 비해 크기가 작고 바운스가 적은 느린 공을 사용한다(느린 공은 코트 코너에서 죽는 경우가 많아서 어려운 공을 치기 좋다). 공의 특수한 고무 구성으로 인해, 스쿼시 공은 높은 온도에서 더 잘 튀는 특성이 있다. 선수들은 경기를 하기 전에 공을 바닥에 튀겨서 공을 데우곤 한다. 랠리가 진행될수록 공이 뜨거워지고 빨라져, 경기는 더 복잡해진다.

스쿼시 경기에서 사용하는 공은 표면이 매끄럽지 않은 무광택고무 또는 합성고무로 만든다. ISRF(국제스쿼시라켓연맹)가 공인하는 공의 무게는 23.3~24.6g, 지름은 3.95~4.15cm이다. 공의 탄력은 공 표면에 점으로 표시되어 있다. 노란색이 가장 탄력이 낮고 흰색, 푸른색, 붉은

색 순으로 탄력이 높다. 초보자의 경우는 탄력이 좋은 붉은색을 사용하는 것이 좋다.

사용 가능한 다른 공은 다음과 같다.

던롭 '맥스 블루'(초보자용) 더블 옐로우보다 12퍼센트 큰 크기와 40퍼센트 긴 체공 시간을 갖고 있으며 순간 바운스가 있다. 던롭 '맥스 프로그레스'(빨강)(테크닉을 키우고 싶은 경기자용) '더블 옐로우'보다 6% 큰 크기와 20% 긴 체공 시간을 갖고 있으며 '순간 바운스'가 있다.

경기의 격렬성 때문에, 경기자는 반드시 편안한 스포츠 의류와 튼튼한 실내용(바닥에 자국이 남지 않는) 스포츠 신발을 착용해야 한다. 경기에서, 남자들은 주로 반바지에 티셔츠나 폴로셔츠를 입는다. 여자들은 보통 스커트에 티셔츠나 탱크톱 혹은 스포츠 드레스를 입는다. 습한 기후에서는 손목밴드와 헤드밴드가 필요할 수도 있다. 선수들이 라켓이나 공(200km/h를 넘는다)에 맞을 수도 있으므로 폴리카보네이트 렌즈 고글을 착용하는 것이 좋다. 2004년 카나리아 부두 스쿼시 클래식(Canary Wharf Squash Classic)에서 존 화이트는 270km/h가 넘는 구속을 기록하였다. 많은 스쿼시 개최지에서 안구 보호기구를 의무화하고 어떤 협회 규정의 경우 모든 주니어 선수와 복식 선수가 안구 보호기구를 꼭 착용하도록 정하고 있다.

(5) 경기 및 점수제도

① 경기

선수들은 주로 라켓을 돌려서 누가 처음 서브를 할지 정하고, 왼쪽이든 오른쪽이든 이 선수가 원하는 서비스 박스에서 첫 랠리를 시작한다. 공정한 서브를 위해, 서브하는 사람의 한 발은 서비스 박스에 들어가야 하고, 공은 라켓에 맞은 뒤에 꼭 앞 벽의 서비스라인과 아웃라인 사이를 맞추고, 리시버가 발리로 쳐 내지 않는 이상 반대편 쿼터 코트로 들어와야 한다.

그리곤 선수들은 번갈아 가며 앞 벽으로 공을 쳐 낸다('랠링'이라고 부름). 공은 발리로 치거나(공이 바닥에 한 번 튀기기 전에 치는 것) 한 번 바운스된 후 두 번 바운스되기 전에 칠 수도 있다. 쳐 낸 공이 'good'이 되기 위해선 공이 바닥에 닿기 전에 앞 벽의 '아웃'라인과 '보드' 혹은 '틴' 사이에 맞아야 한다. 아웃라인이나 틴 위의 라인에 닿는 공은, 테니스와는 반대로, 아웃으로 처리된다. 공은 또한 앞 벽에 맞기 전에 나머지 세 개의 벽에 먼저 맞아도 괜찮다. 옆벽이나 뒷벽을 먼저 맞는 샷은 '보스트'나 '앵글'이라고 부른다.

랠리는 한 선수가 상대방의 공을 받아치지 못하거나 실수하게 될 때까지(예: 공을 '아웃'되게 치거나, 두 번째 바운드 이후에 치거나, 바닥이나 '보드'로 칠 경우) 혹은 레프리에 의해 '렛'이나 '스트록'이 주어질 때까지 계속된다.

② 점수제도

'전통적인' 영국 점수제도(1926년에 도입됨)에서, 점수는 서브하는 사람만이 획득할 수 있다. 리시버가 랠리에서 이길 경우, 점수 대신 서브권을 얻는다.

경기는 주로 9점까지(다만, 점수가 8-8이 될 경우 리시버는 '세트 투'를 요청하여 10점까지 경기를 진행하도록 요청할 수 있다) 행해진다. 경기는 주로 '5전3선승제'로 행해진다.

대신, 포인트어랠리 점수제도(주로 PARS나 '미국식' 점수법으로 부름)에서는 점수는 서브권에 상관없이 각 랠리의 승자에게 주어진다. 전통적으로, PARS 점수제도는 15점까지(14-14가 될 경우 리시버는 15점이나 17점 중 어느 점수까지 플레이 할 것인지 고를 수 있다)이다. 그러나 2004년에 PARS 점수제도는 프로경기에서는 11점까지로 줄어들었다(10-10이 될 경우 무조건 한 선수가 2점차로 앞서야 끝난다). PARS는 이제 남자 프로 투어에서 사용되고, 틴의 높이는 남자 프로 토너먼트에서 2인치 낮아졌다(이러한 변화는 랠리의 시간을 단축하여 결과적으로 경기에 걸리는 시간을 줄이기 위해 일어났다). 그러나 여자 프로 투어는 여전히 원래의 '9점 영국 점수제도'와 원래의 틴 높이를 사용한다.

'국제' 경기에서는, 클럽, 복식 혹은 오락성 경기는 주로 전통 '영국식' 점수제도를 이용해 행해진다. 점수제도와 게임규칙은 더 짧은 경기 시간을 위해(예: 7점까지 행해지는 3전2선승제 경기) 혹은 여러 명이 즐기기 위해(예: 3쿼터코트, ㄱ자게임으로 불리는 게임형태로 서브를 넣은 쿼터코트는 랠리에서 사용하지 않고 나머지 선수들이 거기서 자기 차례를 기다리며, 랠리에서 지면 바로 다음 차례의 사람이 플레이한다) 약간 조정될 수 있다. '영국' 점수법은 일반적으로 USSRA(United States Squash Racquets Association) 경기를 위해 사용된다.

(6) 전략 및 전술

① 전략
스쿼시 경기의 필수적인 전략은 공을 옆벽과 일직선으로 쳐서 백

코너로 보내고[스트레이트 드라이브, 벽(wall) 혹은 '랭쓰(length)'라고 부름], 상대방의 리턴을 받아 낼 수 있도록 그 후에 코트 중앙의 'T' 근처로 이동하는 것이다. 부드럽거나 '짧은' 샷으로 앞 코너를 공격하는 것은('드롭 샷'이라고 부름) 상대방이 코트를 더 많이 커버하도록 만들고 명백한 승리샷을 만들어 내기도 한다. '앵글(Angle)' 샷은 속임수를 위해 쓰이고 이 역시 상대방이 코트를 더 많이 커버하도록 만든다.

뛰어난 기술의 선수들은 자주 공이 앞 벽을 맞은 뒤 '닉(nick)'(옆벽과 바닥의 경계선)이라는 영역으로 가도록 하는 각도로 쳐서 랠리를 끝내려 한다. 이것이 제대로 이뤄지면 공은 바닥을 따라 구르게 되어 받아칠 수 없게 된다. 하지만 그 샷이 닉을 놓치게 되면 공은 옆벽에서 튀어나오게 되고 상대방이 쉬운 공격을 할 수 있게 된다.

스쿼시의 핵심적인 전략은 'T를 지배하기'(T, 코트 중앙의 붉은 선의 교차지역으로서 선수가 상대방의 다음 샷을 받아치기 가장 좋은 지점)이다. 기술 좋은 선수들은 샷을 받아치고는, 다음 샷을 치기 전에 'T'로 돌아간다. 이 위치에서 선수는 코트의 어느 부분이든 신속하게 다가갈 수 있어 상대방의 다음 샷을 최소한의 움직임만으로 받아낼 수 있다.

경험 있는 선수들의 랠리에서는 랠리마다 30회 이상의 샷이 오고가기 때문에 유산소, 무산소 체력 모두 매우 중요하다. 선수가 더 기술을 발전시키고, 특히, 샷을 더 잘 받아칠 수 있게 되면, 점수 따기는 주로 소모전이 된다. 높은 수준의 경기일수록, 체력이 더 뛰어난 선수가 유리하다.

대부분의 선수들은(경험이 적든 많든) 다음과 같은 경기 스타일로 분류될 것이다

ⓙ 'Retriever': 주로 매우 체력이 뛰어난 선수, 침착하게 플레이하고, 대부분의 샷을 받아칠 수 있지만, 딱히 강한 공격성 게임은 하지 않는다.

ⓛ 'Shooter' 혹은 'attacking player': 침착한 선수일 수도 있지만, 위닝샷을 치거나 '닉'을 노리고 치는 것이 더 편하다. 일반적으로 아주 뛰어난 속임수를 구사하고 샷 정확도가 매우 높다.

ⓒ 'Power Player': 공을 극단적인 속도로 침으로써 상대방의 파워를 이기려고 한다. 체력이나, 침착성은 그다지 뛰어나지 못하다.

ⓔ 'All－Around Player': 어떠한 스타일로도 편하게 플레이할 수 있고, 코트의 어떤 영역이라도 편안하게 플레이할 수 있다.

ⓜ 'Attritional Attacking': David Palmer나 James Willstrop 같은 대부분의 프로 선수들이 이 분류에 맞아떨어진다. 그들은 rally down the wall 할 준비가 되어 있는데, 그러나 상대방이 옆벽에서 몇 인치 정도라도 떨어진 루즈 볼을 칠 경우, 그들은 그 즉시 그 공을 닉으로 칠 준비가 되어 있다. 공을 치는 마지막 찰나에 공의 방향을 바꾸는 능력 역시 상대방의 균형을 깨기 위해 중요하다. 전문 선수들은 상대방의 샷을 평균적인 선수들보다 영점몇초 정도 빠르게 예측할 수 있고, 이로 인해 그들은 빠르게 반응할 수 있다. 그러한 기술은 주로 많은 연습과 경기 경험을 통해 얻어진다.

② 기술

ⓙ 드라이브샷

ⓛ 보스트 샷

ⓒ 발리

ⓡ 로브

ⓜ 드롭

ⓗ 서비스 엔 리턴

3) 라켓볼

(1) 기원

라켓볼은 1940년 후반 미국에서 발생되었으며 그 시초는 패들볼 (Paddleball)로서 나무 주걱 모양의 라켓을 이용해서 즐기는 경기이다. 1960년 초기에는 라켓볼이라 부르지 않고 Paddle-rackets, Paddleball, Paddle-tennis 등으로 부르다가 1969년 4월 26일 ST.LOUIS에서 선수들과 임원들이 회합을 가져 공식명칭을 라켓볼(Racquetball)이라 통일시켜 부르게 되었다.

(2) 개념

라켓볼(Racquetball)은 사방이 벽으로 둘러싸인 직육면체의 공간에서 라켓으로 벽면에 공을 치고, 튀어나오는 것을 번갈아 치고받는 경기이다. 이는 스쿼시와 비슷하지만, 천장도 이용하며, 공이 더 크고 탄력이 있다. 1940년대 말에 미국에서 시작되어 대한민국에는 1968년 미군으로부터 전해졌다.

(3) 한국 라켓볼의 발전사

우리나라에 처음으로 라켓볼이 소개된 것은 1965년 미8군 내 트렌트짐에 라켓볼 코트를 만들어 친 것이 라켓볼의 시초이다. 그 당시에는 라켓볼보다는 손바닥을 이용한 핸드볼을 즐겼으며 그 후 장비가 다양하게 개발되어 1970년대부터는 라켓볼 경기를 주로 하게 되었다. 라켓볼이 정식으로 알려지기 시작한 것은 1980년대 서강대학교와 코오롱 스포렉스에 라켓볼 코트가 세워지면서이다.

이때부터 많은 관심을 갖게 되었고 포항공대와 공군 사관학교 등 여러 학교단체와 사회스포츠센터로 급속히 보급되기 시작하여 1987년 코오롱 스포렉스를 중심으로 동호인 단체가 결성되어 전국 라켓볼 보급화에 많은 공헌을 하게 된다. 이때 국내 첫 공식 대회인 제1회 한 국오픈 라켓볼선수권 대회를 개최하였다. 1988년과 1989년에는 일본에서 개최되는 일본 오픈 대회와 아시아 대회에 참가하여 기술향상은 물론 한일 간 친선을 도모하는 데 기여했다. 1980년 후반 우리나라에 라켓볼이 처음 소개된 이후 실내 스포츠에 대한 국민적 관심이 높아지게 되었고 라켓볼 인구가 점차 늘어남에 따라 코트 수도 증가하여 대중 스포츠로서 점차 자리를 잡아 가고 있다.

(4) 경기방법

2명이 경기하는 단식과 4명이 2명씩 한 팀을 이루어 경기하는 복식이 있다. 선수들은 공이 바닥에 떨어지기 전이나 바닥에 1번 맞고 튀어 오른 공을 받아쳐서 앞 벽의 플레이라인 위쪽에 맞고 코트로 돌아오게 해야 한다. 한편 서브를 할 때는 서비스라인 위쪽에 맞혀야 한다. 한 선수가 받아치기에 실패할 때까지 선수들은 번갈아 계속해서 받아쳐야 한다(복식일 경우에는 2명 가운데 누가 받아쳐도 상관없음). 공이 코트 밖 관중석 또는 코트 지붕으로 날아가거나 선수의 옷이나 몸에 닿으면 안 된다. 바로 옆벽을 따라 힘껏 낮게 때리는 것이 이 경기의 진수이며, 커트·발리·하프발리·드롭숏·앵글숏 등과 같은 기술이 자주 쓰인다. 복식에서는 짝을 이룬 2명이 각각 코트의 오른쪽과 왼쪽을 맡는다. 한쪽이 15점을 얻으면 경기가 끝나며, 이 15점을 에이스라고 부른다. 점수는 서브권을 가진 선수 또는 팀(인사이드)만이 얻을 수 있기 때문에, 서브를 받는 선수 또는 팀(아웃사이드)은 상대편이 에이스를 기록하기 전에 스트로크(stroke)에서 이겨 서브권을 따내야만 한다. 복식에서는 2명이 번갈아 서브를 넣으며, 상대편이 서브권을 얻으려면 2명을 모두 물리쳐야 한다. 그러나 각 경기 처음에 서브권을 한 번씩 주고받을 때까지는 복식조를 이룬 2명 가운데 1명만 서브권을 갖는다.

서브를 넣는 사람은 테니스에서처럼 서비스 구역 안에 적어도 한 발을 딛고 서브하지만, 앞 벽의 서비스라인 위쪽으로 직접 공을 보내어 공이 앞 벽에 맞고 상대편의 서비스코트 안으로 떨어지게 해야 한다. 공이 바닥에 닿기 전이나 닿은 뒤에 옆벽이나 뒷벽에 맞거나 또는 옆벽과 뒷벽에 모두 맞아도 무방하다. 다음과 같은 서브는 폴트(fault)로 간주된다. ⓐ 공이 앞 벽의 서비스라인 아래쪽에 맞았을 때, ⓑ 앞 벽에 맞고 튀어나온 공이 바닥의 쇼트라인 앞쪽에 떨어져 바운드될 때, ⓒ 공이 자기 팀 서비스코트로 떨어졌을 때 등이다. 서브를 받는 선수가 폴트된 첫 번째 서브를 받아치면, 그 서브는 유효한 것으로 간주되어 경기가 계속 진행되지만 그렇지 않은 경우에는 다시 한 번 서브를 해야 한다. 두 번째 서브에도 실패하면 서브권은 경우에 따라 자기 짝이나 상대편에게 넘어간다. 서브한 공이 바닥 또는 앞 벽의 널빤지에 맞거나 코트 밖으로 나가게 되면, 그것은 두 번 연속해서 폴트를 낸 것으로 간주되어 서브권을 빼앗긴다. 미국과 캐나

다에서는 한 번의 서브만이 허용된다.

서브를 받는 선수가 받아치기에 성공하면 랠리(rally)가 시작된다. 서브를 받지 못하거나 랠리에서 실패하면 서브를 넣은 사람이 점수를 얻고, 15점을 먼저 얻은 쪽이 경기에서 이기게 된다. 그러나 양쪽 점수가 13점으로 동점일 때는 서브를 받는 쪽에서 상대편이 서브를 넣기 전에 게임을 5점이나 3점으로 세트(set)하겠다고 선언할 수 있다. 그러면 18점이나 16점을 먼저 얻은 쪽이 이기게 된다. 5점으로 할지 3점으로 할지는 서브를 받는 쪽의 권한이다. 그리고 양 팀 점수가 모두 14점일 때도 서브를 받는 쪽은 게임을 3점으로 세트할 수 있다. 이 경우에는 17점을 먼저 얻는 쪽이 이긴다.

> ※ 중요한 규칙
> 서브를 넣은 경기자가 랠리를 이기면 득점한다. 지면 상대방에게 서브권을 넘겨준다.

① 서브

서비스 존 Service Zone 안에서 공을 한 번 바운드하고 넣는다. 서브한 공은 바로 앞면을 맞아야 하고, 숏 라인 Short Line을 넘어 뒷면을 맞기 전에 바운드해야 한다. 서브한 공이 숏 라인을 넘기 전까지 서브 경기자는 숏 라인 뒤로 넘어올 수 없고, 상대 경기자는 리시빙 라인 Receiving Line 앞으로 넘어올 수 없다.

② 랠리

유효한 서브로 경기가 시작되면, 상대방 경기자는 공이 두 번 바운드하기 이전에 받아쳐야 한다.

받아친 공은 바닥을 맞기 전에 앞면을 맞아야 한다. 즉 뒷면과 천장도 활용할 수 있으며, 어떤 경우라도 공을 친 후에는 바닥을 맞기 전에 앞면을 맞아야 한다. 경기자 중에서 한 사람이 공을 못 받아칠 때까지 랠리는 계속된다.

③ 세트 진행

1, 2세트에서는 15점을 먼저 얻는 경기자가 그 세트를 이긴다. 2세트까지 경기해서 승부가 가려지지 않은 경우, 11점으로 3세트를 진행한다.

④ 복식

서브를 넣을 때 각 팀에서 한 사람씩은 스크린 라인 Screen Line과 벽 사이의 서비스 박스에 머물러야 한다. 랠리에서 한 팀의 두 경기자 중 누구나 공을 받을 수 있다.

(5) 장비 및 복장(용구)

① 코트

규격(dimensions): 폭은 6.1m, 길이는 12.2m, 높이는 6.1m이며, 후면의 높이는 최저 3.7m가 되어야 한다. 후면의 3.7m 이상의 장외 구역(out-of-court)이나 관람을 위하여 터놓은 면 혹은 합당한 이유에 의거 한다. 구역이나 경기 불가 구역(out-of-play zone)으로 지정된 특정지역(예: 주변과 특별히 다른 재질로 되었거나, 편평하지 않은 구역)을 제외하고는 모든 면이 경기에 사용되어야 한다.

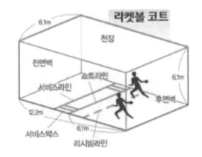

② 라켓

라켓의 선택은 자신의 힘과 신체조건을 감안하여 선택해야 한다. 초보자에게는 무거운 것보다는 가벼운 느낌의 라켓을 선택하는 것이 바람직하다.

③ 라켓볼

라켓볼의 표준 규격은, 직경이 5.7㎝, 무게가 약 40g이며, 표면의 강도는 1.37듀로미터, 그리고 온도가 21~23℃일 때에, 2.5m 높이에서 떨어뜨려 바운드시키면 약 1.7~1.8m가 튀어 올라올 정도의 탄성을 유지해야 한다.

④ 눈 보호 안경

눈 보호 안경은 경기 중 볼이나 라켓으로부터 눈을 보호하기 위하여 반드시 착용해야 한다. 눈이 나쁜 선수는 일반 안경을 착용하는 것보다 플라스틱 렌즈로 바꿈으로써 보다 안전성을 높일 수 있다. 시합 중이든 연습 중이든 관계없이 코트에 들어갈 때는 의무적으로 착용하도록 규정되어 있다.

(6) 장점

① 하체단련에 좋다. 사방에서 튀어나오는 공을 원바운드 안에 쳐야 하니 여기저기 뛰어다닐 수밖에 없다. 때문에 하체단련에 도

움이 된다.

② 스트레스 해소에 도움이 된다. 최근 국민생활체육 전국라켓볼
연합회 회장에 취임한 한나라당 김선동 의원은 라켓볼을 예찬
한다. 그 이유는 모든 구기종목 가운데 공의 속도가 가장 빠르
기 때문에 그만큼 몸을 빠르게 움직여야 한다. 즉, 짧은 시간에
많은 칼로리를 소모하기 때문에 바쁜 현대도시인들의 건강 증
진과 스트레스 해소에 좋은 레포츠라는 것이다.

(7) 라켓볼과 스쿼시의 차이점

라켓볼하면 '스쿼시'와 비슷한 거 아니냐는 질문을 많이 받게 된다.
결론부터 말하자면 라켓을 이용해 벽에 공을 친다는 것 외에는 완전
별개의 종목이다.

스쿼시는 1800년대 영국에서 시작됐고 '라켓볼'은 1940년대 미국
에서 생겨났다. 스쿼시가 천장을 사용할 수 없는 반면 라켓볼은 6면
모두 사용할 수 있다. 경기장 크기도 라켓볼이 조금 더 크다. 가장 큰
차이는 사용하는 공으로 라켓볼은 테니스공보다 약간 작고 속이 비
어 있다. 탄성이 좋은 고무공을 사용한다. 어깨쯤에서 플로어에 떨어
뜨리면 그대로 다시 올라올 정도인데 반대로 탁구공만 한 속이 꽉 찬
스쿼시공은 탄성이 거의 없어 같은 방식으로 놓으면 뚝 떨어져 바닥
에서 구르기만 한다. 탄성이 좋다 보니 라켓볼의 속도는 무척 빠르다.

4) 테니스

코트 중앙에 네트를 치고 양쪽에서 라켓으로 공을 노바운드 또는
원바운드로 일정한 구획 안에 서로 쳐서 넘겨, 규정에 따른 득점의

다과로 승부를 겨루는 구기경기이다.

(1) 경기방법(국제 시합이나 정식의 시합에서는 남자는 5세트, 여자와 주니어는 3세트)

① 종류

㉠ 단식: 2명이 겨룬다.

㉡ 복식: 2인 1조의 4명이 겨룬다.

㉢ 혼합복식: 남녀 1조의 4명이 겨룬다.

② 시합의 승패

시합의 승패는 게임의 경우 포인트가, 세트의 경우 게임 득점이 많은 쪽이 승자가 된다.

③ 테니스 경기의 4단계

테니스 경기는 포인트, 게임, 세트, 매치의 4단계로 구성된다.

㉠ 포인트: 점수를 말함. 한 게임을 이기기 위해서는 4포인트를 따야 한다. 3 대 3은 듀스라 부른다. 듀스 뒤 연속 2포인트를 따낸 경기자가 게임을 얻는다.

㉡ 경기: 4포인트를 따면 한 게임을 얻게 된다.

㉢ 세트: 6게임을 선취하면 1세트를 이긴다.

㉣ 매치: 대전 경기로서 최종적으로 완결된 형태이다. 즉 포인트 → 게임 → 세트로 차곡차곡 쌓인 '경기'를 말한다.

④ 서브

시합은 서브를 넣는 것으로 시작한다.

처음 시작할 때의 서브는 오른쪽에서 대각선으로 넣으며, 그다음 서브는 왼쪽에서 넣는다. 즉 득점이 없거나 짝수 득점일 때는 오른쪽에서, 홀수 득점일 때는 왼쪽에서 넣는다.

⑤ 코트 이동

게임을 시작하여 첫 게임이 끝나면 서로 코트를 바꾸며, 그 이후는 2게임을 한 후 바꾼다. 즉 두 사람의 게임 스코어의 합이 홀수일 때 (1:0, 1:2, 3:0, 4:1, 5:0 등)는 코트를 바꾼다.

⑥ 폴트

2회 폴트 시 1점을 잃는다. 라인을 밟거나 넘어서 서브했을 때, 서브하기 위해 던져 올린 공을 헛쳤을 때, 걷거나 달려가서 위치를 변경하며 서브했을 때, 서비스 코트에 들어가지 않았을 때 실점이 된다.

⑦ 실점이 되는 경우
㉠ 서버가 2개의 서브를 다 실패했을 때
㉡ 친 공이 네트에 걸리거나 코트 밖으로 나갔을 때
㉢ 한 번 튀긴 공을 치지 못하였을 때
㉣ 몸이나 옷에 공이 닿았을 때
㉤ 플레이 중 신체의 일부나 라켓이 네트·포스트 등에 닿았을 때 등

⑧ 바이얼레이션(Violation)

테니스에서의 규정위반 제재를 말한다. 크게 코드 바이얼레이션과 타임 바이얼레이션으로 나뉜다.

㉠ 코드 바이얼레이션: '경기지연'을 제외한 모든 테니스 규정을 위반한 선수에게 내려지는 제재를 말한다. 선수들이 ⓐ 심판이나 관중, 상대방 선수를 모욕하는 말을 할 때, ⓑ 그들에게 욕설을 할 때, ⓒ 볼보이를 위협하거나 볼을 함부로 날려 버릴 때, ⓓ 선수들이 코드 바이얼레이션을 받는 가장 흔한 경우는 라켓을 부러뜨릴 때와 같이 윤리적 규정을 위반했을 때 내려진다. 코드 바이얼레이션의 절차는 '경고 → 포인트 페널티 → 게임 페널티 → 실격'의 순으로 이루어진다. 즉 첫 번째 코드 바이얼레이션은 경고에 그치지만, 두 번째 코드 바이얼레이션은 한 포인트, 세 번째 코드 바이얼레이션은 한 게임을 빼앗기게 된다. 만약 이 상태에서 다시 한 번 코드 바이얼레이션을 받으면 실격패하게 된다.

㉡ 타임 바이얼레이션: 플레이하는 선수에게 포인트와 포인트 사이에 20초, 엔드 체인지 시 90초의 시간이 주어지는데 이를 초과할 경우, 포인트와 포인트 사이나 엔드 체인지 때 시간을 초과할 경우에 내려지게 되고, 부상 치료나 항의에 의해 경기를 지연한다면 코드 바이얼레이션을 받게 된다. 타임 바이얼레이션은 코드 바이얼레이션과 다르게 포인트 페널티만 적용된다.

(2) 시설과 용구

① 테니스 코트

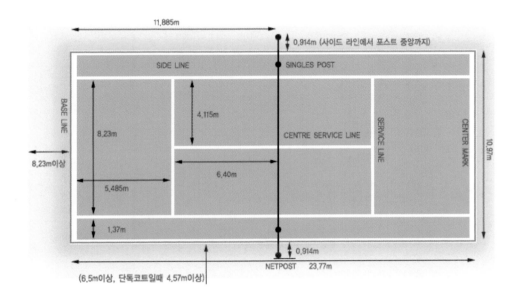

테니스 코트면의 필요한 조건은 평면이어야 하고, 굳기가 적당해야 하며, 다소의 습윤성이 있어야 하고, 같은 색으로 정확한 구획선이 있어야 한다.

테니스 코트는 1면을 기준으로 '36.576m×18.288'의 공간이 필요하다.

· 코트 규격: 23.774m×10.973m
· 베이스라인에서 후방으로: 6.401m
· 사이드라인에서 옆으로: 3.658m
· 코트라인의 폭은 50mm가 표준
· 포스터:사이드라인 바깥쪽부터
· 포스터 중심거리:0.914m
· 포스터 높이: 1.07m
· 포스터 지름: 7.5cm

② 라켓

라켓의 표준규격과 재질에는 제한이 없으므로 그 모양과 크기 및 재질이 다양하다. 근래에는 프레임(테)을 크게 하거나 재질을 나무가 아닌 알루미늄 등 다른 종류로 만든 라켓을 많이 사용한다.

③ 볼(ball)

㉠ 지름: 6.35~6.67cm

㉡ 무게: 56.7~58.5g

㉢ 색깔: 흰색 또는 노란색

㉣ 볼 바운드: 254cm 높이에서 콘크리트 바닥으로 떨어뜨렸을 때 135cm 이상 147cm 이하까지 튀어 올라야 한다.

④ 복장

복장은 흰색을 원칙으로 하나, 요즈음은 원색의 유니폼을 입기도 한다.

(3) 그립

① 포핸드 그립

㉠ 컨티넨탈 그립: 테니스에도 쓰지만 주로 배드민턴에서 이 그립을 사용한다.

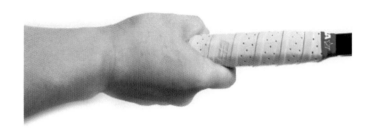

ⓛ 웨스턴그립: 프로들이 가장 선호하는 그립이다.

ⓒ 이스턴그립: 라켓을 악수하듯 잡는 그립으로, 초보자 많이 사용
한다.

ⓡ 쉐미웨스턴 그립: 이스턴보다 바깥쪽으로 라켓을 돌려 잡는 그
립이다.

② 백핸드 그립

㉠ 원 핸드 백핸드: 투 핸드 백핸드에 비하여, 정확성은 낮지만 공
   을 치기 전 준비자세가 빠르다는 장점이 있다. 슬라이스를 치기
   편하다는 장점이 있다.

㉡ 투 핸드 백핸드: 현재 많은 프로들이 사용하고 있는 백핸드 그
   립이다.

(4) 테니스 스코어의 특성

① 테니스 경기는 시간제 경기가 아니며, 다른 경기와 달리 1점씩 올
   라가지 않고 15점 포인트제이다.

② 테니스에서는 점수를 부를 때, 0점을 러브, 1점을 피프틴, 2점을
   서티, 3점을 포티라고 부른다.

③ 승리 시에 게임포인트가 증가되고 6게임을 먼저 이겼을 경우 한
   세트를 승리하게 되는 경기이다.

④ 듀스의 경우는 연속적으로 2게임을 이겨야 승리하게 되는 점수 체
   계이다.

[그림 1] 테니스 스코어보드 표시 항목

(5) 테니스 기본 기술의 종류

① 그라운드 스트로크(Ground Stroke)

베이스 라인 근처에서 상대방이 친 볼을 지면에 바운드시켜 타구하는 것으로, 포핸드 스트로크(Fore hand stroke)와 백핸드 스트로크(Back hand stroke)로 구분된다.

㉠ 포핸드 스트로크(For hand stroke): 양 무릎을 가볍게 굽혀 발뒤꿈치를 살짝 들어 체중을 앞에 주고 라켓 스윙의 축을 어깨에 두고 힘을 뺀 상태에 부드럽게 스윙하여 볼을 친다.

㉡ 백핸드 스트로크(Back hand stroke): 백핸드 스트로크는 오른발을 대각선으로 내딛고, 왼손과 오른손으로 함께 라켓을 잡아 당겨 백스윙을 한 다음 허리를 회전시켜 스윙한다. 이때 앞쪽 어깨가 타구점을 향하게 하고 체중을 끝까지 앞에 두고 볼을 친다.

② 서비스(Service)

㉠ 선수가 그라운드 스트로크나 발리를 필요로 하지 않고서 승리의 득점을 올릴 수 있는 유일한 공격무기이다.

㉡ 동시에 게임을 시작하는 중요한 기술 중 하나이다.

③ 리시브(Receive)

㉠ 서비스에 대항할 방어 수단으로 정확하고 안정된 리시브는 서비스 측의 주도권을 빼앗아 역으로 공격의 기회를 만들 수도 있는 기술 요인이다.

㉡ 테니스에서 서비스 다음으로 중요한 타법이다.

④ 발리(Volley)

㉠ 스매시와 더불어 공격적인 스트로크로써 네트 앞에서 볼을 바운드시키지 않고 바로 치는 것을 말한다.

㉡ 백스윙이 거의 없고 짧은 포워드 스윙만으로 상대방이 친 볼의 힘을 이용하여 칠 수 있기 때문에 익히고 나면 훨씬 쉬운 스트로크가 될 수 있다.

㉢ 공을 바운드시키지 않고 타격하는 것으로서 테니스에서 빠질 수 없는 강력한 공격적 기술이다.

⑤ 스매시(Smash)

㉠ 테니스에서 가장 화려하고 공격적인 플레이이다.

㉡ 네트 플레이시 머리 위로 올라온 로브를 위에서 아래로 내리치는 것이다.

㉢ 스피드와 각도로서 포인트를 결정하는 기술이다.

㉣ 타구의 방법에 따라서 두 가지로 나뉜다.

· 그라운드 스매시(Ground smash): 지면에 바운드되어 높게 튀어 오른 공을 칠 때

· 오버핸드 스매시(Overhead smash): 머리 위의 바운드되지 않은 공을 칠 때

⑥ 로브(Lob)

㉠ 상대의 공격으로부터 시간적 여유를 갖기 위하여 공을 높게 처리하는 기술이다.

㉡ 상대방의 베이스 라인 안에 떨어지게 하는 것으로서 주로 수비

용 플레이로 사용되는 기술이지만 때로는 공격적으로 사용하기도 한다.

⑦ 드롭 샷(Drop shot)
㉠ 상대선수의 스피드를 이용하여 볼을 상대방 코트의 네트 부근에 짧게 바운드시키는 기술이다.
㉡ 시합의 흐름을 바꿀 수도 있는 유리한 기술이지만 잘못 구사하면 역습당할 우려가 있으니 유의하여야 한다.

⑧ 패싱 샷(Passing shot)
㉠ 상대선수가 네트에 접근했을 때 적극적인 방법으로 처리하는 기술이다.
㉡ 이는 스트로크에 자신감을 갖지 못하면 상대선수의 발리 혹은 스매시에 걸리기 쉽기 때문에 빠르고 낮게 혹은 각도의 예리함이 있어야 성공률이 높다.

⑨ 어프로치 샷(Approach shot)
㉠ 상대편의 짧은 스트로크를 바운드가 되자마자 치고 네트로 들어가는 샷이다.
㉡ 공격의 시발점이 되는 기술이다.

⑩ 앵글 샷(Angle shot)
㉠ 상대코트의 사각지대에 공을 넣는 고급 기술이다.
㉡ 이 기술을 습득하면 단·복식 경기에 있어서 효과적인 공격 기

술을 구사할 수 있다.

(6) 특성

① 경기 중 신체의 충돌이나 접촉 없이 승부를 가리는 신사적인 운동이다.

② 도구를 사용하는 운동으로 흥미 유발뿐만 아니라 다양한 기술을 습득하여 성취감을 맛볼 수 있다.

③ 체력 단련뿐 아니라 집중력, 대담성, 판단력을 기르는 데 효과가 있다.

④ 정정당당한 게임을 함으로써 훌륭하게 승리하고 깨끗이 패하는 것을 중요시한다.

⑤ 연령에 구애받지 않고 남녀노소 누구나 할 수 있는 운동이다.

(7) 생활체육으로서의 테니스

① 생활체육으로서의 평생스포츠로 정착

테니스는 남녀노소 누구나 참여할 수 있는 매력과 전통적인 매너 경기라는 점에서 생활체육으로서의 평생스포츠로 정착되어 왔다.

② 건강 및 체력 증진을 위한 대중적인 스포츠 종목

테니스는 스포츠의 순수성을 비추어 볼 때 일반대중이 참여할 수 있는 종목으로 어느 운동종목보다 체위향상에 직접적 영향을 주는 것으로서 건강 및 체력 증진을 위한 대중적인 스포츠 종목이라 할 수 있다.

(8) 세계 4대 테니스 대회

전 영국(윔블던 대회), 전 미국, 전 프랑스, 전 오스트레일리아의 4개국 선수권 대회로, 세계 여러 나라에서 매년 많은 대회를 개최하고 있지만, 그중에서도 가장 권위 있고 전통이 있는 대회이다. 이 4개 토너먼트에서 한 해에 모두 우승을 하는 것을 '그랜드 슬램'이라 하며 이제까지 이 그랜드 슬램의 영광을 차지한 선수는 불과 4명밖에 없다.

Part **13**

VVIP가 즐기는 스포츠
－수상종목, 동계종목

1. 동계종목

1) 봅슬레이

(1) 개념

방향을 조종할 수 있는 썰매를 타고 눈과 얼음으로 만든 트랙을 활주하는 경기이다. 19세기 후반 스위스에서 스포츠의 형태로 자리를 잡았으며, 1924년 제1회 동계올림픽경기대회부터 정식종목으로 채택되었다.

(2) 종목과 경기방법

초기에는 비탈진 눈 위에서 경기를 하였으나, 지금은 콘크리트 구조물에 인공 얼음을 씌운 전용 트랙을 이용한다. 트랙의 길이는 1,200~1,300m이고, 평균 경사도는 8%(4°30')~15%(8°30'), 곡선로의 반지름은 20m 이상으로 정해져 있는데, 이 트랙에서 같은 썰매 종목인 스켈레톤과 루지 경기도 함께 치른다. 활주할 때 평균 시속은 135km이며, 커브를

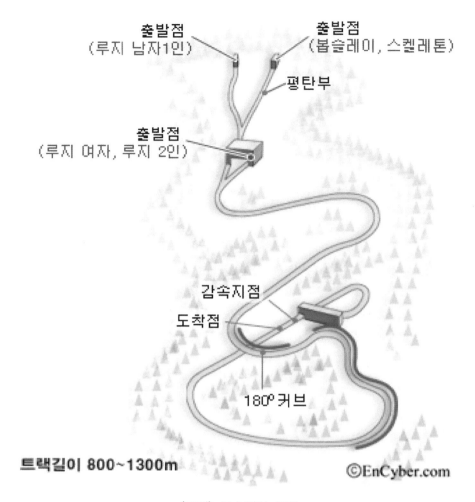

출발점
(루지 남자1인)

출발점
(봅슬레이, 스켈레톤)

평탄부

출발점
(루지 여자, 루지 2인)

감속지점

도착점

180° 커브

트랙길이 800~1300m

©EnCyber.com

〈그림〉 봅슬레이 트랙

돌 때의 압력은 중력의 4배에 가깝다. 트랙은 썰매가 가속하여 커브를 돌 때 튕겨나가지 않도록 설계되며, 중간에 썰매를 조정하는 기술을 평가할 수 있도록 곡선·직선·오메가(Ω)·원형 코스를 갖추어야 한다. 전체 구간에 대체로 10~15개의 커브가 설치되고, 결승점의 약 100m 구간은 속도를 줄일 수 있도록 오르막으로 설계된다.

경주에 사용되는 썰매는 선수들이 앉을 수 있는 구조에 유리섬유나 금속으로 만든 덮개(cowling), 출발할 때 썰매를 미는 푸시핸들, 도

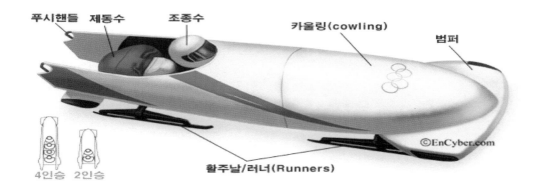

푸시핸들 제동수 조종수 카울링(cowling) 범퍼

4인승 2인승

활주날/러너(Runners)

©EnCyber.com

르래를 이용하여 방향을 조절하는 2개의 조향 장치, 레버로 당기는 브레이크, 2쌍의 독립된 금속제 날 등으로 이루어져 있다. 2인승은 최대 길이 2.7m, 최대 너비 0.67m이며, 4인승은 최대 길이 3.8m, 최대 너비 0.67m이다. 최대 중량은 선수와 장비를 합한 무게로 하며, 최대 중량에 미달한 경우에는 부족한 중량을 맞추기 위하여 무게추 등을 추가할 수 있다.

(3) 출발순서

2007년부터 시작된 FIBT 세계랭킹은 중요 경기, 즉 동계올림픽, FIBT 세계선수권대회 및 FIBT 월드컵대회 시에 출발순위를 결정하는 데 사용된다. 시간이 경과됨에 따라 얼음의 상태가 나빠지므로 초기에 출발하는 선수들은 빙질 면에서 이득을 얻게 된다. 따라서 세계 상위선수(이전 경기결과를 근거로 한)들은 출발순서에 있어서 일종의 혜택을 제공받게 되는 것이다. 각 해의 첫 번째 월드컵 대회는 전년 시즌의 세계랭킹을 근거로, 상위 10위권 내의 선수들 간에 추첨을 통하여 순서가 결정된다. 그 나머지는 세계 랭킹에 따라 출발 순서가 결정된다. 세계랭킹은 국가별 쿼터(출전 팀 수)를 결정하는 중요 근거가 되며, 동계올림픽과 세계선수권대회의 출발순서를 결정한다.

(4) 한국팀 성적

2010년 캐나다 동계 올림픽에서 아시아에서 유일하게 결선에 진출한 한국팀은 캐나다 휘슬러 슬라이딩 센터에서 4차시기 합계 3분 31초 13으로 최종순위 19위라는 성과를 거뒀다.

(5) 월드컵 경기

FIBT는 공개경쟁을 거쳐 국제연맹의 가맹 회원국 혹은 회원국 내의 특정 트랙(경기장)에 월드컵 개최권을 준다. 월드컵 대회 참가 시에 각 국가의 대표팀은 그 대회에서 승인된 하나의 썰매로만 대회에 참가할 수 있다. 추가로 썰매가 필요할 경우에는 사전 승인을 얻어야 한다.

월드컵 대회는 하루에 2회, 올림픽 및 월드 챔피언십의 경우에는 2인승, 4인승 모두 이틀에 걸쳐 총 4회의 시합을 치르고, 합산한 시간이 가장 짧은 팀이 우승하게 된다.

(6) 기사

> ※ 봅슬레이 – 스켈레톤연맹 이경훈 회장 발언대
>
> 불모지였던 한국의 봅슬레이와 스켈레톤이 이제 본격적인 성장기를 맞고 있다. 선수 몇 명으로 명맥만 유지하던 시절에서 벗어나 올해 연맹의 등록선수가 160명에 달할 정도로 성장했다. 올해 등록선수는 지난해 대비 배 이상 증가한 것이다.
> 회장에 취임하면서 계획했던 것이 첫 번째는 봅슬레이 4인승팀을 만드는 것이었다. 부족한 선수들을 끌어 모아 팀을 구성했다. 그리고 국제대회에서 성적을 올리는 것이 두 번째 목표였다. 꾸준히 국제대회에서 감각을 익힌 결과 우승은 아니더라도 의미 있는 성적을 올리고 있다. 인프라도 함께 확충되고 있다. 최근 강원도 등의 지원에 힘입어 스타트 경기장을 개장했다. 하지만 해결해야 하는 숙제 또한 적지 않다. 봅슬레이와 스켈레톤은 한국이 출전하는 올림픽 종목 중 유일하게 국내에 경기장이 없는 종목이다. 하지만 1,000억 원 이상이 소요되는 트랙을 지금 당장 만들 필요는 없다. 다만 해외의 경기장을 이용할 수 있도록 지원 확충을 기대한다. 대표선수들은 일 년의 3분의 1을 해외에서 생활한다. 그래야만 경쟁력을 유지할 수 있다. 비인기종목이지만 국민적인 관심을 받고 있는 종목이니만큼 기업들의 후원이 활성화되도록 노력하겠다. 현재 연맹을 후원하는 기업은 단 한 곳도 없다.

봅슬레이와 스켈레톤 발전을 위해 무엇보다 중요한 것은 2018 평창동계올림픽 유치다. 유치에 성공하면 자연스럽게 관련 인프라와 저변 역시 확대될 것이다. 이를 통해 제2의 도약기를 삼을 수 있을 것으로 기대한다. 마지막으로 어린 학생들을 위한 지원도 고려해 봐야 한다. 특히 봅슬레이나 스켈레톤을 한다고 해도 대학에 입학할 수 있는 통로를 만들어 주기를 바란다.

이경훈 대한봅슬레이·스켈레톤연맹 회장 2010. 08. 29.

2) 쇼트트랙

(1) 개념

정식 명칭은 쇼트트랙 스피드 스케이팅으로 보통 쇼트트랙이라고 약칭하는데 이는 400m 트랙에서 경주하는 롱트랙 스피드 스케이팅에 비하여 111.12m의 짧은 트랙에서 경기를 하기 때문에 붙여진 명칭이다. 스피드 스케이팅과 달리 곡예 하듯이 빠르게 코너를 돌며, 순위 경쟁을 벌이는 쇼트트랙은 유연성과 순발력을 생명으로 하기 때문에 상대적으로 작은 동양 선수에게 유리한 경기이다.

(2) 경기종목

쇼트트랙의 경기종목으로는 크게 개인경기와 단체경기로 나뉜다. 개인 경기는 남녀(500·1,000·1,500·3,000m) 모두 4개의 세부종목으로 이루어져 있다. 500·1,000m는 한 조에 4명의 선수가 경기하고 1,500·3,000m는 5~6명의 선수가 경기를 한다.

쇼트트랙에서는 1, 2위로 가던 선수가 뒤 선수의 반칙으로 인해 넘어졌을 때, 바퀴 수가 한두 바퀴가 남았고 심판이 무리한 반칙이 없다고 판단했을 경우 어드밴티지를 주어 결승경기에 출전할 수 있도록 한다. 경기는 예선, 준준결승, 준결승, 결승의 토너먼트 방식으로 펼쳐지며, 각 경기에서 2~3명이 다음 경기에 진출할 수 있기 때문에 기록보다는 순위를 중요시하여 기술과 순발력이 요구되는 경기이다.

단체경기인 계주는 여자 3,000m, 남자 5,000m로 한 팀에 4명의 선수가 한 팀이 되어 출전한다. 보통 한 선수가 한 바퀴 반을 돌고 다음 선수에게 넘겨주는데 1인당 바퀴수의 규정은 없지만 마지막 두 바퀴는 반드시 한 주자가 돌아야 한다는 규정이 있다. 쇼트트랙 경기에서는 다음 주자의 엉덩이를 밀어 주는데 이는 스피드를 유지하기 위함이다.

(3) 과학적 경기방법

빙판을 강력한 힘으로 밀며 전력 질주해야 하는 스케이팅 경기 중에서 쇼트트랙은 곡선주로를 달리는 코너링에서 승패가 갈리는 종목이다. 한 번의 실수가 자신은 물론 상대방에게도 결정적인 영향을 미치는 경기로서 쇼트트랙의 경기력 향상을 위한 동작 분석은 매우 중요하다. 쇼트트랙의 경우, 곡률 반경이 짧은 이유로 인해 곡선 주로에 진입할 때, 주로를 이탈하지 않고 코너링하려면 다리를 순간적으로 교차시켜야 한다. 이 동작을 한 번 한 다음에 글라이딩(푸시오프에 의한 힘으로 빙면을 활주하는 동작)을 하다가 원호가 끝나기 바로 직전에 푸시오프(블레이드가 빙면을 밀어내는 동작)를 하면서 코너링 동작을 끝낸다. 이때 선수들은 원심력과 중력의 원리를 잘 이용하여 중력가속도에 의한 원심가속도를 증가시켜, 최대 속도로 커브를 돌아야 하는데 이는 승패를 좌우하기 때문에 매우 중요하다. 또 한국 대표팀은 코너링 시에 최대한 회전 반지름을 줄여 속도를 높이는 호리병 주법을 이용한다.

(4) 스케이트의 구조

스케이트의 구조는 스피드용 스케이트와 달리 튜브가 밀폐되고 날이 약간 짧으며, 뒷날의 끝은 뒤에 오는 선수의 안전을 위하여 지름 5mm 이상으로 둥글게 깎여 있어야 한다. 로커가 스피드용보다 크며, 날의 위치 또한 코너워크를 쉽게 하기 위해 중심선에서 왼쪽으로 치우쳐 있다. 또한 우리나라 선수들은 원심력을 막기 위해 스케이트 양 날의 앞쪽 끝을 미세하게 왼쪽으로 구부려 놓기도 한다.

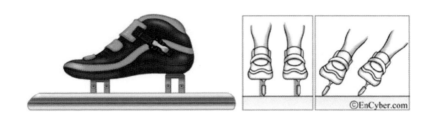

3) 피겨 스케이팅

(1) 개념

피겨 스케이팅(영어-figure skating, 문화어-휘거)은 빙상경기의 일종이다. 얼음 위를 활주하며 갖가지 동작으로 율동의 아름다움과 기술의 정확성, 예술적인 연기가 가미된 것으로 '빙상의 예술'이라고도 한다. 피겨 스케이팅에서는 점프, 스핀, 리프트, 스텝, 턴 등 다양한 기술이 사용된다.

(2) 역사

피겨 스케이팅이 한국에 들어온 때는 1927년이라고 전해진다. 그러나 8·15광복 전까지는 국내대회조차도 제대로 가져 본 일이 없을 만큼 빙상인들 중에서도 일부 호사가(好事家)의 여기(餘技)에 지나지 않았다. 전국빙상선수권대회에서 정식 경기종목으로 등장한 것은 1955년 제10회부터이다. 피겨 스케이팅이 해외에 진출하기는 1968년 프랑스 그르노블(Grenoble)의 제10회 동계 올림픽경기대회부터였다. 우리나라는 국제대회에서 좋은 성적을 내지 못했으나 2006년 ISU(국제빙상연맹) 피겨 스케이팅 그랑프리 파이널대회 여자 싱글부문에서 김연아가 우승함으로써 처음으로 세계 정상에 올랐고 2007년 대회에서도 우승하는 쾌거를 이룩하였다.

(3) 경기종목과 규정

경기종목에는 싱글 스케이팅, 페어 스케이팅, 그룹 스케이팅, 아이스 댄싱 등이 있으며, 음악에 맞추어 일정 시간 동안 정해진 연기를 하는 규정 종목과 자유 종목인 프리 스케이팅이 있다.

① 싱글

각각 남자부문과 여자부문이 있으며 점프, 스핀, 스텝 시퀀스, 스파이럴 등의 요소들을 프로그램에서 실행한다. 지정 시간은 남자가 5분, 여자가 4분이다(오늘날에는 남자 4분, 여자 3분 30초). 싱글 스케이팅에서는 규정종목과 자유종목 양쪽의 점수를 합하여 우열을 가린다. 심판은 홀수로 편성되며, 동작의 정확성, 유연성, 우아함과 자연미, 도형의 크기에 따라 0~6점을 0.1점 단위로 채점한다.

② 페어

남자와 여자의 혼성으로 구성된다. 페어에서는 하나의 요소를 같이 실행하기도 하며, 드로우 점프(남자가 여자를 점프할 수 있도록 던지는 것), 리프트(다양한 잡기와 자세로 남자가 여자를 머리 위로 올리는 동작), 페어 스핀(두 선수가 공통의 축을 중심으로 회전하는 동작), 데스 스파이럴(남자가 축이 되고 여자가 주위를 도는 것) 등 페어에서만 가능한 요소들을 실행하기도 한다.

③ 아이스 댄싱

남자와 여자의 혼성으로 구성된다[이 때문에 부부, 부녀, 남매, 모자(母子) 선수들로 구성되기도 한다]. 아이스 댄스는 서로 가까이 잡고 음악에 맞추어 복잡한 발기술을 실행한다. 아이스 댄스의 리프트는 어깨보다 높으면 안 된다.

(4) 시설과 용구

① 경기장의 국제 규격은 56×26m 이상 60×30m 이하의 직사각형이다.
② 스케이트의 앞부분은 점프를 할 때 편리하도록 톱니로 되어 있으며, 스케이트의 날에는 오목한 홈이 있다. 국제빙상경기연맹의 규정에 따르면, 날의 양 에지(edge) 사이를 측정하였을 때 날의 너비가 변하지 않게 단면이 오목해지도록 같아야 하지만, 단면이 약간 좁아지거나 가늘게 하는 것은 허용된다.
③ 의상은 운동경기에 적합하고 기품이 있어야 하며, 남자는 바지만 허용되고 타이즈는 허용되지 않는다. 액세서리나 소도구는 금지되며, 지나친 노출 등 적합하지 않은 의상은 1.0의 감점 요인이 된다.

(5) 주요 기술

피겨 스케이팅의 주요 기술로는 점프(jump), 스핀(spin), 스파이럴(spiral) 등이 있다.

① 점프

㉠ 플립 점프: 후진하며 왼발은 인사이드 에지 상태에서 오른발의 토를 사용하여 뒤로 점프한 뒤 오른발로 착지하는 기술로서 주로 콤비네이션 점프의 첫 점프로 이용된다.

㉡ 살코 점프: 후진하며 왼발의 인사이드 에지로 점프하여 회전하고 오른발의 아웃사이드 에지로 착지하는 기술이다.

㉢ 루프 점프: 후진하며 오른발의 아웃사이드 에지로 점프하여 회전하고 오른발의 아웃사이드 에지로 착지하는 기술이다.

㉣ 악셀 점프: 유일하게 전진하며 왼발의 아웃사이드 에지로 점프하여 회전하고 오른발의 아웃사이드 에지로 착지하는데, 앞으로 도약하여 뒤로 착지하므로 다른 점프보다 0.5회전을 더하게 되어 가장 어려운 점프 기술로 간주된다.

② 스핀

스핀은 제자리에서 회전하는 기술로서 선 채로 회전하는 업라이트 스핀(upright spin), 한쪽 발을 축으로 하여 앉아서 회전하는 시트 스핀 (sit spin), 한쪽 발로 서서 몸을 'T'자 모양으로 만든 뒤 회전하는 카멜 스핀(camel spin)의 3가지로 대별된다.

ㄱ 업라이트 스핀: 한쪽 다리를 머리 뒤쪽으로 끌어올려 손으로 잡 고 회전하는 비엘만 스핀, 등을 뒤로 젖히고 떠 있는 한쪽 발을 뒤로 구부린 자세에서 양팔을 위로 뻗은 채 회전하는 레이백 스 핀, 한쪽 발을 옆으로 뻗어 영어의 '와이(Y)'자 모양을 이루어 회전하는 'Y스핀' 등으로 세분된다.

ㄴ 시트 스핀: 시트 스핀은 빙판에 놓인 발은 무릎을 굽히고 떠 있 는 발은 앞을 향하여 뻗은 채 회전하는 기본 동작을 말한다.

ㄷ 카멜 스핀: 카멜 스핀은 떠 있는 발을 엉덩이 높이로 뒤로 뻗어 서 수평을 이룬 자세에서 회전하는 기본 동작을 말한다.

③ 스파이럴

스파이럴은 한쪽 발을 들어 엉덩이 위로 유지한 채 빙판을 앞으로 또는 뒤로 활주하는 기술로서 발의 위치는 몸 앞이나 옆 또는 뒤로 할 수 있다.

(6) 동계올림픽에서의 피겨 스케이팅

동계올림픽 경기에서는 싱글, 페어, 아이스댄싱 3종목이 치러진다. 최대 참가인원은 남녀 싱글이 각각 30명, 페어는 20쌍, 아이스댄싱은 24쌍이다. 채점은 2002년 동계올림픽 때 발생한 판정시비를 계기로 2004년부터 신채점제가 도입되어 국제빙상경기연맹이 승인하는 모 든 국제대회에 적용되고 있다. 신채점제는 각 종목별로 기술점수와 프로그램 구성점수(PCS) 그리고 감점을 산출하여 이를 더한 총득점으로 순위를 결정한다.

(7) 한국의 피겨 스케이팅

한국의 피겨 스케이팅은 2000년대 초반까지 국제무대에서 별다른 성적을 거두지 못하였으나, 김연아의 등장을 계기로 일약 강국으로 떠올랐다. 김연아는 2004년 ISU의 주니어 그랑프리 파이널에서 2위를 기록하여 한국 피겨 스케이팅 사상 최고의 성적을 올린 것을 시작으로 2005년 주니어 그랑프리 파이널 금메달, 2006년 주니어 세계선수권대회 1위를 차지하였다. 시니어 대회에서도 2006~2007년 연속하여 ISU 그랑프리 파이널 금메달을 획득한 데 이어 2009년에는 ISU 4대륙 선수권 금메달, 세계선수권 금메달을 석권하는 등 최고의 기량을 선보였다. 특히 2009년 세계선수권대회에서는 총점 207.71을 기록하여 여자 선수로는 처음으로 200점을 돌파하였다. 2010년 밴쿠버 동계올림픽에서는 쇼트프로그램 78.50점, 프리스케이팅 150.06점, 총점 228.56점으로 세계신기록을 달성하며 한국 최초로 금메달을 획득하였다. 그의 영향으로 한국에서 피겨 스케이팅이 큰 인기를 모으고 종목의 기반도 강화되고 있다.

4) 아이스하키

(1) 개념

빙상에서 스케이트를 착용한 6명으로 구성된 두 팀이 가황(加黃)처리된 고무원판의 퍽을 스틱으로 쳐서 상대팀의 골에 넣는 경기이다. 기원국은 북유럽이고 한국 도입 시기는 1928년 1월이다.

(2) 유래와 역사

아일랜드의 국기(國技)로 인정받는 헐리 또는 헐링, 스코틀랜드의 국기로 인정받는 신티와 비슷한 밴디라는 빙상경기가 스코틀랜드와 아일랜드의 이주민들 및 영국의 군인들에 의해 캐나다로 전해져 아이스하키로 발전하였다.

캐나다 몬트리올 맥길대학의 J. 크라이턴을 비롯한 학생들이 1875년 결빙한 강에서 편을 갈라 경기를 한 것이 최초이며, R. 스미스와 W. 로버트슨이 1879년 규칙을 만들고 각 팀의 선수를 9명으로 제한하였다. 캐나다의 국기로까지 발전하였다.

1885년 몬트리올에서 최초로 전국적인 하키단체인 캐나다 아마추어 하키협회가 설립되었고, 여기서 각 팀의 선수를 7명으로 제한하였다. 1908년 5월 파리(Paris)에서 가진 제1회 회합에서 IIHF(International Ice Hockey Fé dé ration: 국제아이스하키연맹)이 결성되었다.

1910년에는 유럽선수권대회를, 1920년에는 세계선수권대회를 창설, 국제대회를 개최하기 시작하였으며, 제7회 올림픽경기대회에서 처음 정식종목으로 채택되었다. 제1회 동계올림픽경기대회 이후 줄곧 정식종목으로서 인기를 더해 왔다. 2002년 현재 61개국이 국제아이스하기연맹(IIHF)에 가입, 인기 있는 동계 스포츠 종목으로 각광받고 있다.

(3) 경기 방법

선수는 한 팀에 골키퍼 2명, 플레이어 20명 등 총 22명으로 구성된다. 링크에 출전하는 선수는 총 6명으로 골키퍼(GK) 1명, 방어가 주임무인 디펜스(DF) 2명, 공격을 주로 하는 포워드(FW) 3명이다. 이

가운데 디펜스는 라이트 디펜스(RD)와 레프트 디펜스(LD)로 나뉘고, 포워드는 중앙에 위치하는 센터포드(CF) 1명과 그 양옆에 자리하는 윙으로 나뉘는데, 역시 라이트윙(RW) 및 레프트윙(LW)으로 구분된다.

경기시간은 20분씩 3회로, 총 1시간이다. 각 20분을 1피리어드라고 하며, 각 피리어드 사이에 15분 동안 휴식시간이 있다. 3피리어드로 승부가 나지 않을 경우 통례적으로 토너먼트에서는 10분 연장전을 실시하는데 선취 득점과 동시에 경기가 종료된다. 그러나 리그전에서는 무승부로 경기를 끝낸다. 각 팀은 전 경기를 통하여 30초간의 작전타임을 1회에 한하여 요청할 수 있다.

경기방법은 센터라인 중앙에 양 팀의 센터가 마주 서서 심판이 떨어뜨린 퍽을 스틱으로 서로 빼앗는 페이스오프를 하는 것으로 시작, 퍽을 골에 넣음으로써 득점(1점)이 되고, 득점수가 많은 쪽이 승리한다. 중앙에서의 페이스오프는 각 피리어드가 시작될 때와 득점인 경우를 제외하고는 하지 못한다. 그 밖에 반칙이 있었을 때 그 반칙이 발생한 지점에서 펜스로부터 6m 떨어진 안쪽에서 실시하며, 엔드존에서 반칙이 있었을 경우 그 원인을 구분하여, 공격 측이 반칙한 경우에는 뉴트럴존의 스포트에서, 수비 측이 반칙한 경우에는 엔드존 스포트에서 페이스오프한다.

선수 교체는 경기 중 언제든지 6명 이내에서 22명의 선수 전원이 수시로 자유롭게 할 수 있다. 골키퍼를 제외한 5명의 선수는 1~2분이면 급격히 체력이 소모되므로 잦은 선수 교체가 절대적으로 필요하기 때문이다. 아이스하키는 스피드하고 스틱을 사용해서 경기하며, 규정의 한도 내에서 보디체크(몸으로 부딪히는 일)가 허용되는 경기이므로 때때로 위험한 플레이가 속출될 수 있어, 반칙을 범한 선수는 그 정도에 따라 2 · 5 · 10분 동안 또는 잔여시합 동안 계속해서 퇴장을 당하는 페널티 등의 벌칙을 적절히 부과할 수 있도록 되어 있다.

선수 가운데 가슴에 로마자로 C 또는 A를 부착한 경우가 반드시 있는데, C는 주장(캡틴), A는 부주장(어시스턴트 캡틴)으로서 심판의 판정에 문의를 할 수 있는 권리를 가진다. 모든 국제경기에서의 심판은 레퍼리(주심) 1명과 라인즈맨(선심) 2명의 3인 심판제를 채택한다. 그러나 각국 연맹은 그 관할구역에서 경기를 개최할 경우 2인 심판제를 택할 권한을 갖는다. 2인제 심판은 통상 15세 이하 선수들의 스피드가 없는 경기에서 채택된다. 라인즈맨은 라인에서 일어나는 중단변칙에 한하여 경기를 중단시킬 수 있으며, 레퍼리는 경기 중 득점 및 벌칙 부과를 주요 임무로 하고 그 밖에 경기 중에 일어나는 모든 상황에 대하여 최종 결정권한을 갖는다.

(4) 한국의 아이스하키

한국의 아이스하키는 1928년 1월 일본의 도쿄[東京]제국대학 아이스하키팀이 만주에서 경기를 마치고 돌아오는 길에 용산철도국 국우회(局友會)의 초청으로 서울에 들렀는데, 이때 스케이트 링크에서 시범경기를 보인 것이 최초이다. 그때 창설된 철도팀에 뒤이어 경성제국대학에서도 빙구부를 창설하여 경기를 갖게 되었는데, 이것이 한국 최초의 아이스하키 경기로 기록되었다. 그 후 1930년 1월 조선체육회 주최로 열린 제6회 전조선 빙상경기대회에서 빙구 종목 가운데 하나로 채택되었고, 이것이 국내 최초의 공식경기가 되었다. 같은 해 11월 조선아이스하키연맹이 조직되었으며, 한국인 학교로서는 연희전문학교가 처음으로 빙구부를 창설하였다. 당시 국내에는 경성제국대학을 비롯하여 경성사범 등 여러 팀이 있었고, 단체도 조선아이스하키연맹을 비롯하여 조선학생빙상경기연맹·조선빙구연맹 등이 조직되어 여러 경기가 열렸다. 1947년 동호인들의 주관으로 조선아이스하키협회가 조직되었고, 1960년 3월 IIHF(International Ice Hocky Federation: 국제아이스하키연맹)에 정식 가입하였다. 1964년 11월에는 아이스하키의 숙원이던 실내링크가 동대문에 생겨 아이스하키 기술 향상에 커다란 보탬을 주었다.

1979년 에스파냐 바르셀로나(Barcelona)에서 열린 세계선수권대회에 처음으로 참가하였으며, 그 뒤 현재까지 각종 국제대회에 지속적으로 참가하여 경기력을 향상시키고 있다. 지난 1986년 제1회 및 1990년 제2회 동계 아시아경기대회에서 동메달을 획득하였다. 1989년 제14회 소피아(Sofia) 동계 유니버시아드대회에 참가한 대학생 대표팀은 아시아 최강인 일본에 6:1로 처음 승리하였고, 1994년 중국에서 개최된 제11회 아시아 주니어선수권대회에 참가한 18세 이하로 구성된 팀도 일본 주니어 대표팀을 제치고 2위를 차지함으로써 국제 경쟁력을 높였다. 1984년 5월 태릉선수촌에 실내링크가 만들어졌으며, 1989년 12월에는 국제 최대규격의 링크 2면을 갖춘 5,000석 규모의 목동(木洞) 실내 아이스링크가 완공되면서 본격적인 공식국제대회 및 국제친선경기를 개최하기 시작하였다. 1990년 2월 제7회 아시아·오세아니아 주니어선수권대회, 1993년 제10회 대회를 유치하여 성공리에 치르면서 국제적으로도 주목을 받기 시작하여, 1995년 1월 제3회 아시안컵, 1997년 동계 유니버시아드대회, 1999년 제3회 동계 아시아경기대회를 개최함으로써 한국 아이스하키의 비약적인 발전을 이루었다.

5) 스키점프

(1) 개념

급경사면을 갖춘 인공 구조물에서 스키를 타고 활강한 후 도약대로부터 허공을 날아 착지하는 스키경기의 일종이다.

(2) 역사

1862년 노르웨이에서 첫 스키점프 대회가 열리는 등 19세기 후반부터 본격적으로 겨울 스포츠의 한 종목으로 자리를 잡게 되었다. 동계 올림픽에서는 1924년 프랑스의 샤모니에서 열린 제1회 대회부터 같은 노르딕 종목인 크로스컨트리 스키와 함께 정식종목으로 채택되었다.

스키점프의 채점항목은 '비행거리'와 '자세' 부문으로 이뤄진다.

'비행거리' 부문은 만점을 60점으로 설정한 후, 실제 비행거리를 기준 점에서 1m 단위로 환산하여 60점에서 가감하여 점수를 매긴다. 자세 점수는 스키 점프의 3요소인 도약, 비행, 착지를 기준으로 해서 총 5명의 심판이 각각 20점 만점으로 채점을 하여 가장 높은 점수와 낮은 점수를 뺀 나머지 3명의 점수를 합산하여 60점 만점으로 계산한다. 현재 스키점프 경기는 위험성 때문에 남자만 실행하고 있다.

(3) 우리나라 스키점프

한국은 1988년 대회 이후부터 꾸준하게 참가하고 있다. 현재 우리나라 스키점프 국가대표로는 최흥철, 최용직, 김현기, 강칠구 이렇게 네 명이 있다. 2010년 열린 밴쿠버 동계올림픽에는 최흥철, 최용직, 김현기 선수가 출전하였지만 아쉽게 매달을 획득하지는 못하였다. 하지만 동계 아시안 게임에서는 남자 라지힐 단체로 네 명의 선수가 함께 동메달을 획득했다.

스키점프는 국민들에게 관심받지 못했던 스포츠였다. 하지만 2009년 영화 <국가대표>로 인하여 주목을 받았고, 무한도전이나 영웅호걸과 같은 TV프로그램에서 평창에 있는 스키점프대를 사람들에게 알리면서 스키점프에 대한 관심은 계속되었다. 또한 평창 동계올림픽(2018) 유치를 기원하면서 동계올림픽에 대한 관심이 자연스럽게 올림픽 종목까지 연결될 것이다.

2. 수상종목

1) 스노클링

(1) 개념

간단한 장비만으로 수면에서 수심 5m 안팎의 수중관광을 즐기는 레저 스포츠이다.

(2) 특징

별도의 잠수 기술이나 수영 실력이 필요 없이 연령, 체력에 구애받지 않고 누구나 쉽게 배울 수 있으며 안전성이 높고 전신운동에 도움이 되는 것이 특징이다.

(3) 유래

스노클링의 유래는 별다른 장비도 없이 양식을 얻기 위한 수단으로 생겨났던 잠수가 군사적인 목적으로 고무로 된 오리발을 만들면서 현재와 같은 오리발이 등장, 잠수가 편리해지면서 레저 스포츠로 발전한 것이다.

(4) 장비

① 마스크(Mask)

물속에서 눈을 뜨면 물체가 흐리게 보이며 물
속에서 물체를 선명하게 보기 위해서는 눈앞에
공기 공간이 필요하기에 마스크를 착용한다.

② 스노클(Snorkel)

머리를 들지 않고 호흡할 수 있도록 하는 장비
이며 수면에 오랫동안 떠 있을 수 있으며 대롱과
마우스피스, 연결고리 등의 기본적인 형태로 구성
되어 있다.

③ 오리발(Fins)

추진력을 증가시켜서 수영에 미숙한 사람이라도 쉽
게 수영할 수 있도록 해 주며 신발형과 벨트형이 있다.

④ 기타 장비

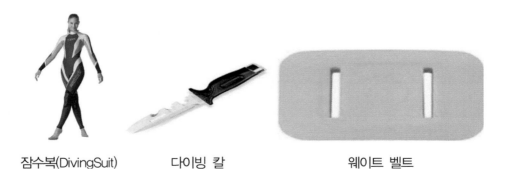

잠수복(DivingSuit)　　　　다이빙 칼　　　　　웨이트 벨트

(5) 스노쿨링 운동효과

수압에 의한 전신마사지 효과로 심폐기능 발달뿐만이 아니라 미용효과에도 도움이 된다.

수면을 스노클로 호흡하면서 헤엄쳐 다니면 폐의 기능이 향상되고, 핀을 사용하는 발과 다리에는 근력이 발달한다. 수면 밑에 잠수해 들어가면 모든 근육이 사용되므로 전신운동의 효과가 크다.

2) 스쿠버(SCUBA)다이빙

(1) 개념

마스크, 휜, 스노클 등의 간단한 장비만을 가지고, 자기 숨을 이용한 스킨다이빙(스노클링)과는 달리 스쿠버(SCUBA)다이빙은 압축공기탱크와 레귤레이터(호흡기), 옥토퍼스, 게이지, 부력조절기 등을 이용하여 수중에 비교적 오래 머무르는 것을 말한다(수중자가호흡이라고도 한다).

여기서 '스킨스쿠버'라 함은 스킨다이빙과 스쿠버의 혼합된 형태이다.

스킨다이빙은 약 40센티의 숨 대롱으로 수면에 닿아 있는 상태에서 호흡한다.

스킨다이빙은 종류는 크게 둘로 나눌 수 있는데 그 첫 번째가 스노클링(Snorkeling)이고 두 번째가 다이빙(Diving)이다. 수면에 가깝게 유영하면서 스노클로 호흡하는 것을 스노클링이라 하며 스노클링 다음 단계인 숨을 깊게 들여 마시고 수중 깊숙이 잠수하는 것을 다이빙이라고 한다.

보통 스쿠버다이빙의 전 단계로 교육과정에 반드시 스킨다이빙의 과정이 있지만 저렴하고 비교적 안전해서 스킨다이빙 자체가 훌륭한 레포츠가 될 수 있다. 또한 대단한 수영실력이나 체력에 구애받지 않아 가족단위나 노약자가 즐기기에 적합하다고 할 수 있다.

(2) 비용

보트다이빙의 경우는 1인당 1회 3~4만 원 정도 하며, 장비를 렌탈할 경우는 풀 세트 기준 약 5만 원 내외 정도 소요된다. 대부분의 보트다이빙은 고무보트가 아닌 다음에야 2회를 기준으로 1인당 약 6~8만 원 정도 소요된다.

통상 가이드비용이라고 하여 1:1 입수하는 경우 위 비용 외에 추가로 8~10만 원 내외의 비용이 추가된다.

(3) 장비

공기통이란 대기의 동기를 기계적인 힘(Compressor)으로 공기를 압축하여 넣은 통을 말한다. 즉 공기통 속에는 압축된 고압의 순수한 공기만 들어가 있다. 간혹 공기통을 산소통으로 잘못 부르고 있는데, 산소는 20%를 차지하는 공기 성분의 일부일 뿐이다.

부력조절기(Buoyancy Compensating)는 수중 활동에서 널리 사용되며 다이버에게 필요한 부력 상태로 유지시켜주는 역할을 한다.

공기통   부력조절기   호흡기   기본계기

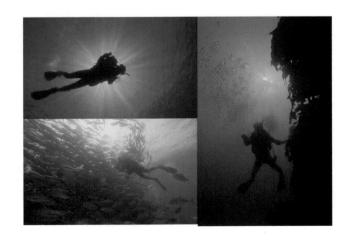

3) 윈드서핑

(1) 개념

판 위에 세워진 돛에 바람을 받으며 파도를 타는 해양 스포츠이다.

(2) 국내 도입

1967년 미국 캘리포니아 주의 컴퓨터 기사인 호일 슈와이스와 항해사 출신의 제임스 드레이크가 공동으로 창안한 스포츠이다.
- 1960년대 말기: 발명기간
- 1970년대: 보급기간
- 1980년대: 발달기간
- 1975년: 도입
- 1980년 10월 대한요트협회 심판위원 창단

4) 패러글라이딩

(1) 개념

패러글라이딩은 사람이 날 수 있는 도구 중에서 가장 간편하고 배우기가 쉬워서 단기간에 가장 많이 보급된 항공레포츠다. 패러글라이더는 낙하산이 진화한 것으로 낙하산의 단순 낙하기능과 글라이더의 활공기능을 이용해 만든 레포츠다.

(2) 기원

기원은 1960년대 중반 미국 NASA에서 패러글라이더의 원형인 패러포일이 발명되어 초기에는 스카이다이빙용으로 사용되었으나 1978년 프랑스의 한 산악인이 산 정상에서 편리하게 하산하기 위해 사용한 것이 패러글라이딩의 시작이라고 한다. 그 후 프랑스의 등산가이자, 행글라이더 전문가인 장 마크 보아만 씨가 유럽 각국에 보급하면서 전 세계적으로 확산, 폭발적인 인기를 누리는 항공 스포츠로 자리 잡았다.

또한 패러글라이딩은 인간이 날 수 있는 기구로 배우기 쉽고 안전해서 단기간에 가장 많이 보급된 항공스포츠다. 현재 약 2만 명의 동호인이 있으면 각 도마다 2~3개의 활공장을 확보하고 있다.

5) 패러세일링

(1) 개념

특수 고안된 낙하산을 멘 사람을 긴 줄로 자동차나 보트에 연결하여 견인하여 가다가 낙하산에 공기압이 생기면 두둥실 하늘로 떠올라 공중비행을 즐길 수 있게 한 항공레포츠다.

패러세일링은 일종의 카이트 방식으로 쉽고 안전하게 하늘을 날게 해 주는 스포츠다. 조작이 간편해서 1시간 정도의 훈련이면 초보자도 쉽게 익힐 수 있으며 곧 하늘을 나는 스릴을 만끽할 수 있는 스포츠다.

(2) 역사

처음에는 1950년 프랑스에서 공수 부대 훈련용으로 개발되었으나 이후 영국으로 전해지고서 레저용 스포츠로 발전되었다. 미국에선 1960년대 도입되었으나 80년대 들어서 얼마간의 요금을 내면 누구나 타 볼 수 있게끔 빠르게 대중화되고 있다.

국내에는 85년 7월 충남 서산군 몽산포 해수욕장에서 처음 모습을 보였으나 그 이후 아직은 크게 활성화되지 못하고 있다. 그러나 비교적 쉽게 하늘을 날 수 있는 장점을 보완해 많은 클럽과 동호인 수가 늘어나는 추세다.

(3) 특징

패러세일링은 항공레포츠인 패러글라이딩과 해상스포츠인 요팅의 장점만을 접목시킨 것으로 달리는 보트 뒤에 연결된 줄에 매달려 낙하산을 타고 비행하는 해양레저로 안정성과 스릴이 뛰어나다. 패러세일링은 동시에 2인까지 탑승할 수 있으며, 중량이 46kg 이하나 125kg 이상 되면 이용을 할 수 없다. 줄은 최대 240m까지 늘일 수 있고 보통은 100m 내외에서 사용한다.

(4) 장비

① 낙하산(Canopy): 긴 삼각 모양의 천과 가운데 위쪽의 공기구멍과 배출구, 꼭지 부분의 안정판 및 낙하산 줄 등으로 구성된다.

② 하네스: 몸에 맞게 조절, 비행자를 안전하게 보호해 준다.

③ 헬멧: 안전 장비 필수품이다.

④ 구명조끼: 바다나 강, 호수에서 할 경우엔 반드시 착용해야 한다.

⑤ 줄(tow-rope): 일반적 밧줄이나 자일은 안 되고 토우잉 줄을 사용해야 한다.

⑥ 견인기구: 가능한 한 힘이 센 자동차나 모터보트이어야 한다.

Part **14**
레저스포츠, 생활스포츠

Part 14. 생활스포츠 레저스포츠	
중점학습내용	1. 레저스포츠 2. 생활스포츠
Key word	핫요가, 필라테스, 짐볼

1. 레저스포츠

한가한 시간에 즐기면서 신체를 단련할 수 있는 운동을 말한다. 레포츠의 종류는 낚시, 등산, 등반 래프팅, 모터사이클, 번지점프, 보트, 요트, 사냥, 산악자전거, 서바이벌게임, 스카우트, 스카이다이빙, 스쿠버, 스포츠카, 윈드서핑, 인라인 스케이트, 제트스키, 카누, 캠프, 패러글라이딩, 행글라이딩 등이 있다.

1) 낚시

좁은 뜻으로는 낚싯바늘, 넓은 뜻으로는 물고기를 잡는 낚시질을 통칭한다. 낚시의 목적은 생활수단으로 하는 경우와 취미, 즉 레저·스포츠로 즐기는 경우 등이 있다. 낚시는 남녀노소 누구나 즐길 수 있는 정적인 야외활동으로서, 잡념을 버리고 정신을 수양할 수 있도록 해 주며, 정신적 안정과 함께 심신의 피로를 해소하는 데 도움을 준다.

2) 등산

산에 오르는 일을 말한다. 산에 오르는 것 자체를 목적으로 하고 이 일을 통하여 심신을 단련하고 즐거움을 찾는 행위를 말한다. 레저・스포츠로서의 등산은 근대에 들어와서 활발해졌으며, 미지의 세계에 대한 도전도 겸하여 위험한 산을 슬기와 기술로 등정하는 데서 오는 기쁨과 만족을 주고, 동시에 여느 스포츠와는 다른 차원에서 인간의 정신적・체력적 한계를 신장시켜 준다.

3) 승마

(1) 개념

말을 타고 말을 부리면서 말에게 여러 가지 운동을 시키는 스포츠라고 할 수 있다.

(2) 효과

① 담력을 북돋운다.

② 정신운동과 동물 애호정신으로 인한 인간애의 함양을 가져다준다.

③ 평행성과 유연성을 길러 올바른 신체발달을 돕는다.

④ 정신 집중력을 기른다.

⑤ 장기능이 강화된다.

⑥ 폐활량이 늘어난다.

⑦ 관절염, 빈혈, 변비를 예방할 수 있다.

⑧ 신체의 리듬감을 기른다.

⑨ 골반이 튼튼해진다.

⑩ 신체, 상체를 바르게 교정해 준다.

(3) 특징

① 남녀노소 제한이 없다.

② 생명체를 다루는 유일한 스포츠이다.

(4) 종류

① 종합마술

장애물의 종류는 여러 가지가 있는데, 대부분 횡목(橫木)이 걸쳐 있고 마체의 어느 부분이든 닿기만 하면 쉽게 떨어지도록 설치하여야 한다. 장애물 앞에는 오른쪽에 뛰어넘는 순서를 적은 번호판이 설치되어야 하며, 또한 장애물 오른쪽에는 적색기, 왼쪽에는 백색기를 달아놓아 장애물의 한계와 비월방향을 표시하여야 한다.

② 마차경기

로마의 네로 황제가 AD 66년에 열린 올림픽의 4륜마차 경기부문으로 내려오고 있는 경기이다.

③ 마장마술

1896년 스웨덴의 스톡홀름에서 근대 올림픽 게임이 개최되었으며 1912년 에는 승마 경기중 마장마술 종목이 처음으로 일반에게 알려지게 되었다. 당시의 마장마술 경기는 매우 단순한 마필의 콘트롤을 테스트 하는 경기였으며 고도의 기술을 필요로 하는 고급 승마술의 기초가 되었다고 볼수있다. 1936년 올림픽 게임의 마장마술 경기에서는 좀더 발전된 기승술의 향상을 보였으며 피아페(Piaffe)와 팟사지(Passage)의 운동 과목을 요구하는 그랑프리 테스트를 실시하였다.

④ 마상체조

근육 및 관절을 유연하게 할 목적으로 자세를 교정하고, 균형을 기르며, 나아가 신체 각부의 독립과 정신적인 여유를 가져오는데 대단히 효과가 있다.

⑤ 장애물 비월

승마 주행경로에 12개의 장애물을 설치한 350-450m의 코스를 완주하는 것이다.

4) 사격

(1) 개념

총·대포 등으로 목표물을 겨누어 쏘는 경기이다.

(2) 역사

화약에 의해 탄환을 발사하는 총이 발명되고, 성능이 향상되자 사람들은 활 대신에 총을 전쟁과 수렵에 사용하게 되었고, 그 목적으로 익힌 사격기술을 겨루기 위한 방법을 생각해 냈다.

우리나라에서 사격이 시작된 것은 총포술이 도입되었던 16세기 말부터라고 할 수 있다. 그러나 사격이 경기로서 존재하기 시작한 것은 20세기에 들어와서부터이다. 그 시초는 육군연성학교에서 장총사격 대회가 열린 것이었다. 우리나라는 1956년 제16회 멜버른 올림픽 대회부터 선수를 파견하였으며 짧은 기간 동안 괄목할 만한 성장을 하여 올림픽 금메달 획득 및 메달 획득의 효자 종목으로 부상하게 되었고 세계 정상급의 실력을 가지게 되었다.

(3) 종류

사용하는 총기의 종류·구경·탄약에 따라 여러 가지 경기 방법이 있는데, 크게 라이플사격과 클레이사격으로 나뉜다. 라이플사격은 구경에 따라 대구경·소구경·공기소총으로 나뉘고, 권총은 속사·센터파이어·소구경자유·공기권총 등이 있다. 산탄총은 주로 이동표적을 쏘는 클레이사격에 쓰인다.

5) 양궁

(1) 개념

일정한 거리 밖에 있는 과녁이나 표적을 겨냥하여 화살로 쏘아 맞히는 경기이다.

(2) 역사

선사 시대부터 인류의 무기로서 쓰이던 활이 스포츠에 이용되기 시작한 것은 오래전의 일로, 1538년 영국의 헨리 8세가 처음으로 대회를 열었다.

그 후부터 전 유럽에 널리 보급되어 1931년에는 국제양궁연맹이 조직되었으며, 1972년 하계 올림픽에서는 정식 종목으로 채택되었다.

(3) 종류

Outdoor Target Archery, Olympic Round, FITA 70Meter Round, Half FITA Round, FITA 900 Round, FITA Standard Round 등이 있는데 그 중 대표적인 것이 Olympic Round이다.

올림픽 라운드 방식은 올림픽경기대회와 세계대회 아시아 경기대회에 채택된 경기로서 남자는 90m, 70m, 50m, 30m 여자는 70m, 60m, 50m, 30m를 36발씩 144발(1,440점)을 쏘아 종합 점수로 64강을 선발하는 예선전을 갖고 70m 한 거리로 토너먼트 방식으로 경기를 실시하여 결승에 이른다.

6) 역도

(1) 개념

무거운 원판을 심봉 양쪽에 끼우고, 들어 올린 무게가 얼마나 무거운가를 경쟁하는 스포츠이다. 경쟁 방법은 들어 올리는 방법에 따라 나뉘며, 성별, 체급별로 경기를 치른다.

(2) 역사

현재와 같은 역도가 우리나라에 첫 선을 보인 것은 1928년 '역기'라는 칭호를 갖게 된 후이다. 1947년에 우리나라 역도 사상 최초로 세계역도선수권대회에 출전하게 되었다.

(3) 경기방법

사방 4m의 정사각형 링 위에서 바벨을 머리 위까지 들어 올려 그 중량의 경·중으로 기록을 겨루고 인상과 용상의 순으로 2종목을 치러 그 총 중량으로 승패를 가른다. 인상과 용상 두 부문에 대하여 각각 3회씩의 기회가 주어지며, 두 부문에서 들어 올린 무게의 합으로 순위를 결정한다.

(4) 경기규정

올림픽 및 공식 경기에서는 선수는 호명된 뒤 5분 안에 연기 후 하나의 바벨을 들 때마다 3번의 기회와 인상과 용상 두 종목을 실시하여 그 기록을 합계하여 순위를 가린다. 심판은 선수가 안정된 상태일 때 성공 신호를 보내게 되는데 인상과 용상 모두 심판의 성공 신호가 있을 때까지 바를 들고 있어야 한다. 용상과 인상 중 어느 한 종목에 실패하였을 때는 실격이 된다.

(5) 시설/용구

모든 경기는 경기대 위에서 실시되며, 경기대는 너비 4m, 길이 4m, 두께 10㎝의 정사각형이어야 한다. 심봉은 남자용과 여자용의 규격이 조금 다르다. 이는 다음과 같다.

구분	중량	길이	심봉의 직경
남자	20kg	2,200mm	28mm
여자	15kg	2,010mm	25mm

7) 체조

(1) 개념
체조(體操)는 신체 단련과 균형을 위한 스포츠의 일종이다.

(2) 목적
체조적인 신체활동을 수단으로 한 인격자 형성에 있다고 할 수 있다.

(3) 역사
체조는 고대 그리스에서 비롯되었으나 경기로 발전, 근대 스포츠로서 세계적으로 널리 알려진 것은 근대 올림픽 부활 이후부터다. 오늘날과 같은 체조는 19세기 초 독일에서 프리드리히 얀이라는 학교 선생이 체계를 세우기 시작했다고 한다. 그중에서도 기계체조는 여러 국제체조경기대회에서 실시하고 있는 경기종목으로, 1896년 제1회 아테네 올림픽 때부터 정식 종목으로 채택되었다. 리듬체조는 1984년 제23회 로스앤젤레스 올림픽 때부터 정식 종목이 되었다.

(4) 종류
체조경기의 연기종목은 남자는 마루운동·안마·도마(跳馬: 뜀틀)·링운동·평행봉·철봉 및 이 6개 종목의 연기점수를 합해 평가하는 종합경기종목이 있고, 여자는 도마·2단평행평균대·마루운동·리듬체조경기가 있으며 남자와 마찬가지로 종합경기종목이 있다.

(5) 특성 및 효과

시간, 장소, 시설 용구에 구애받지 않고 언제 어디서나 많은 사람이 손쉽게 운동할 수 있으며 자유롭게 조절할 수 있다.

전신운동이므로 신체균형을 발달시키며 신체의 결함이나 불량한 자세를 교정 또는 보완할 수 있다.

근육의 경직을 막고, 관절의 유연성을 높이며, 아름다운 몸매를 유지시킨다.

8) 육상

(1) 역사

고대 그리스의 경기는 신전 앞에서 행하는 의식 형태로 이루어졌으며, 그중 기원전 776년에 올림피아 지방에서 발전했던 올림피아스(Olympias)라는 경기가 가장 잘 알려져 있다. 이후 1000년간 융성한 발전을 이루었으나 기원 393년 그리스도 교도였던 로마 제국의 테오도시우스 1세에 의해 금지되었으며 이후 올림피아 성역이 붕괴되는 수모를 겪기도 했다. 그러나 일반 민중이나 농민들 사이에서 스포츠는 이미 일상생활 속에 뿌리 깊게 자리 잡았으며, 대부분의 민중들은 위정자에 대한 불만이나 저항의지의 표현 수단으로서 경기를 계속 이어 갔다.

우리나라의 육상경기는 1869년 영국인 교사 허치슨에 의해 처음 선 보였으며, 그 후 1920년 조선체육회가 설립되면서 우리 육상 발전의 기틀을 마련하였고, 1929년에는 조선종합육상경기대회가 열려 본격적으로 육상이 발전하게 되었다. 우리 육상은 해방과 더불어 활기를 띠어 여러 올림픽대회에서 마라톤 한국을 과시했으나, 1965년 이후 우리 육상은 침체되어 별다른 발전을 하지 못하고 있다.

(2) 종목

① 단거리 경기: 100m , 200m, 400m, 100mH(여자), 110mH(남자), 400mR, 1,600mR 계주

② 중장거리: 800m, 1500m, 5,000m, 10,000m, 3,000SC

③ 경보: 100,000m, 20km, 50km

④ 도약경기: 멀리뛰기, 세단뛰기, 높이뛰기, 장대높이뛰기

⑤ 마라톤: 10km, 하프마라톤, 42.195km

⑥ 혼성경기: 여자는 7종, 남자는 10종

남자 10종 경기 종목(100m, 멀리뛰기, 포환던지기, 높이뛰기, 400m, 110mh, 원반던지기, 장대높이뛰기, 창던지기, 1500m)

여자 7종 경기 종목(100mH, 포환던지기, 높이뛰기, 멀리뛰기, 창던지기, 200m, 800m)

⑦ 투척종목: 해머던지기, 원반던지기, 창던지기, 포환던지기

2. 생활스포츠

1) 핫-요가 26개 동작

(1) Standing Deep Breathing

(2) Half Moon Pose

(3) Awkward Pose

(4) Eagle Pose

(5) Standing Head to Knee Pose

(6) Standing Bow Pulling Pose

(7) Balancing Stick Pose

(8) Balancing Separate Leg Stretching Pose

(9) Triangle Pose

(10) Standing Separate Leg Stretching Pose

(11) Tree Pose

(12) Toe Stand Pose

(13) Dead Body Pose

(14) Wind Removing Pose

(15) Sit−up Pose

(16) Cobra Pose

(17) Locust Pose

(18) Full Locust Pose

(19) Bow Pose

(20) Fixed Firm Pose

(21) Half Tortoise Pose

(22) Camel Pose

(23) Rabbit Pose

(24) Separate Leg Stretching Pose

(25) Spine Twisting Pose

(26) Blowing in Firm Pose

2) 필라테스

(1) 초급(11개 동작)
① 골반 들기
② 복부 말아 올리기
③ 엉덩이 틀기
④ 탄력밴드를 이용한 롤다운
⑤ 양팔을 겹쳐 척추 회전시켜 주기
⑥ 한쪽 다리 스트레칭
⑦ 양손을 이용한 런지 자세
⑧ 느린 수영 자세
⑨ 한쪽 다리 차올리기
⑩ 무릎 대고 팔굽혀펴기
⑪ 아기자세

(2) 중급(21개 동작)
① 골반 들기
② 복부 말아 올리기
③ 엉덩이 틀기
④ 탄력밴드를 이용한 롤다운
⑤ 척추 스트레칭
⑥ 양팔 겹쳐 척추 회전시키기
⑦ 앉아서 팔로 받쳐 척추 뻗어 주기
⑧ 한쪽 다리 스트레칭

⑨ 코디네이션

⑩ 구르기

⑪ 흔들의자 균형 잡기

⑫ 외 내전 운동

⑬ 양손을 이용한 런지 자세

⑭ 느린 화살 자세

⑮ 백조 자세

⑯ 한쪽 다리 차올리기

⑰ 옆으로 차 주기

⑱ 어깨를 이용한 브리지

⑲ 햄스트링과 허벅지 스트레칭

⑳ 4자 스트레칭

㉑ 송장 자세

(3) 고급(25개 동작)

① 골반 들기

② 복부 말아 올리기

③ 시계추 자세

④ 어깨 틀며 말아 올리기

⑤ 팔 뻗어 척추 회전시키기

⑥ 척추 스트레칭

⑦ 구르기

⑧ 다리 벌린 흔들의자 자세

⑨ 외 내전 운동

⑩ 한쪽 다리 스트레칭

⑪ 코디네이션

⑫ 다리로 원 그리기

⑬ 상체를 든 런지 자세

⑭ 느린 화살 자세

⑮ 한쪽 다리 차올리기

⑯ 고양이 자세

⑰ 다리 차올리기

⑱ 고양이 자세

⑲ 느린 수영 자세

⑳ 앉아서 하는 어깨 스트레칭

㉑ 전면 받쳐 주기

㉒ 사이드 킥

㉓ 머리 위로 말아 올리기

㉔ 4자 스트레칭

㉕ 햄스트링과 허벅지 스트레칭

3) 짐볼 필라테스

(1) 척추의 움직임

① 바로 누운 자세

② 몸을 구부리는 자세

③ 몸을 펴는 동작

④ 상체를 들어 올리는 동작

(2) 스트레칭 동작

① 엉덩이 굴곡근 늘리기

② 무릎 굴곡근 늘리기 동작

③ 무릎 꿇은 자세에서 몸통 늘리기 동작

④ 바로 누운 자세에서 몸통 돌이기 동작

(3) 몸통 강화동작

① 복부 들어 올리기

② 앉은 자세에서 몸통을 뒤로 기울이기 동작

③ 몸통 신장을 위한 동작

④ 팔과 다리를 교차하여 들어 올리는 동작

(4) 안정성 강화동작

① Table Top 자세

② 안정성을 깨는 동작

③ 사지를 굴곡하여 든 동작

④ Briege 동작

(5) 상체의 움직임과 강화동작

① 어깨 외전동작

② Band를 이용한 어깨 신전동작

③ 노 젓는 동작

④ 볼을 이용한 팔 굽혀 펴기 동작

(6) 하체 강화동작

① 다리 들어 올리기 동작

② 슬관절 굴곡근 강화동작

③ 쪼그려 앉는 동작

④ 알파벳을 쓰는 동작

참고문헌

한국운동지도협회.

서순규(1975), 비만과 식이요법, 대한의학협회지 제18권 제4호, pp.309~320.

서봉연 · 이순형(1983), 발달심리학, 중앙적성출판사, pp.433~436.

이용규(1994), 어린이의 비만수준과 심혈관질환 위험인자와의 관계, 체육과학
       논총 제5권 제2호, 한국체육과학연구원, pp.25~37.

이명천 외 15인(1993), 일반인 및 운동선수를 위한 체력진단시스템 개발에 관한
       연구, 체육과학연구과제 종합보고서, 한국체육과학연구원, pp.1~98.

권동헌(1993), AIDS와 결핵, 보건세계 월간.

권장혁(1982), 최신보건학, 신광출판사.

김문식(1993), 우리나라 AIDS발생전망, 보건세계 월간.

김의주 · 김유섭(1988), 건강교육과 운동위생의 실제, 녹화출판사.

김성수 · 채정용 · 권양기(1989), 스포츠 의학 입문, 서울: 보경문화사.

김종훈 · 최희남(1992), 건강교육, 교학연구사.

안영(1986), 담배, 술, 마약, 서울: 대한출판사.

훈순구(1992), 담배와 건강, 건강소식(92년 10월호)

백종렬(1985), 술 어떻게 마실까, 가정의학.

안영(1986), 담배, 술, 마약, 서울: 대한출판사.

안인희(1975), 우리 식생활과 술에 대하여, 서울: 명지대학교.

유인고(1985), 장수를 위한 평생교육, 서울: 교학연구사.

이경자(1970), 술, 그 독해성분의 분석, 서울: 덕성여자대학교 출판부.

김의수 · 진영수 · 전태원 · 이용수 · 최승권(1991), 서울: 한국학술자료사.

전태원 · 최승권(1990), 운동검사 및 처방의 이론과 실제, 서울: 금광출판사.

박순영(1986), 현대인의 건강관리, 경희대학교 출판국.

신문규 외 9인(1991), 인체해부학, 현문사.

차철환 · 염용태(1976), 공중보건학, 집현사.

홍성열(2010), 국민 생활 스포츠 경기 진행을 위한 스코어보드 시스템 개발, 한
　　　세대학교 대학원, 석사학위논문.

박준규(2009), 생활체육 테니스 참가자의 참여수준에 따른 신체적 자기개념과
　　　여가만족 비교, 영남대학교 교육대학원, 석사학위논문.

서경진(2010), 초등학교 6학년 남 · 여 테니스선수들의 심폐기능과 랭킹과의
　　　관계에 관한 연구, 건국대학교 교육대학원, 석사학위논문.

김수연 ──────────────────────────────

국민대학교 이학박사
생활체육지도자(운동처방) 1급 5기(자격면허 1999-129호)
경기지도자 1급 15기-엘리트스포츠 분야(자격면허 2004-452호)
재활트레이닝 체육지도사 1급, 카이로프라틱 1급, 댄스스포츠 1급
외 국가자격증 21개 취득
대한빙상경기연맹 심판(대한민국 최초 여성심판 1호) 연합뉴스 08. 12. 26.

대한민국 빙상 선수(1980~1996)
강서구시설관리공단 체육사업팀 건강증진센터장(1999~2007)
강서구민 53만이 함께하는 체중줄이기 총책임운영위원장(2002~2004)
Bicycle Life & Speed inline (주) BL프레스.『운동과 건강』연재(2004~2006)
한국교육방송공사(EBS) <일과 사람들-성공한 여성> 방송 출연(2004. 5. 13)
한국건강관리협회 국민건강생활실천 전임강사(2005~2007)
한국건강관리협회 건강소식지『운동과 건강』월간호 연재(2006~2007)
일자리방송 <일자리 와이브-운동처방사 편> 방송출연(2008. 6. 3)
한국교육방송공사(EBS) 어린이 건강멘토상담(운동처방) 방송출연(2010. 3. 10.~3. 30.)

現) VVIP SPORTION 아카데미 원장(www.vvipsportion.co.kr)
(핫-요가, 체중감량, 유·청소년 성장클리닉, 체육&건강증진 서비스 인재양성 아카데미, 체인사업부)
국민대학교 스포츠과학연구소 연구원
용인대학교 외래교수·성신여자대학교 외래교수·한국사이버대학교 외래교수·협성대학교 외래교수
대한빙상경기연맹 대한민국 여성최초 1호 심판
대한보건협회 절주음주강사 연합회장

이론교육: 스포츠경영 및 마케팅·건강증진 사업 기획 및 교육·스포츠시설업·스포츠 소비
　　　　　자 행동론·체육학 연구법·스포츠 위탁경영 컨설팅·스포츠센터 체인사업 이론
　　　　　과 실제·운동처방·생활과 건강·체육관련 자격증 교육
실기교육: 빙상·인라인스케이트·어린이 성장클리닉·체중감량·레크리에이션·스포츠댄스·
　　　　　필라테스·핫-요가·라인댄스

VVIP 운동과 건강(큰글자도서)

초판인쇄 2023년 6월 30일
초판발행 2023년 6월 30일

지은이 김수연
발행인 채종준
발행처 한국학술정보(주)

주소 경기도 파주시 회동길 230(문발동)
문의 ksibook13@kstudy.com
출판신고 2003년 9월 25일 제406-2003-000012호
인쇄 북토리

ISBN 979-11-6983-431-5 93690